qu

CRITIQUE

Revue générale des publications françaises et étrangères

Rédaction :
7, rue Bernard-Palissy, 75006 Paris
Tél. : (1) 45 44 23 16

Jean PIEL reçoit sur rendez-vous
Secrétaire de rédaction : Isabelle CHAVE

BULLETIN D'ABONNEMENT

Je désire m'inscrire pour un abonnement de :

un an ou six mois

à la revue mensuelle CRITIQUE, à partir du numéro : ....

Mon règlement est fait, à l'ordre des ÉDITIONS DE MINUIT (7, rue Bernard-Palissy, 75006 Paris), par chèque bancaire ou chèque postal (C.C.P. Paris 180 43 T) ou mandat international.

NOM et Prénom : ....

Adresse : ....

....

....

Date et signature :

PRIX DE L'ABONNEMENT 1995

	1 an	6 mois
France	504 F	300 F
Etranger	650 F	375 F
Prix du numéro normal		59 F

(Nous consulter pour les envois par avion)

DIFFUSION AUX LIBRAIRES

Paris-Province-Etranger : Seuil, BP 80, 27, rue Jacob, Paris Cédex 06.

Suisse : La Cité-L'Age d'Homme, 10, route de Genève, Case postale 67, 1003 Lausanne.

Canada : Diffusion Dimedia, Inc., 539, bd Lebeau, Saint-Laurent, P.Q., H4N IS2.

ADMINISTRATION REVUE CRITIQUE
ÉDITIONS DE MINUIT - 7, rue Bernard-Palissy - 75006 PARIS

MOURIR À AUTRUI

Françoise Dastur
La Mort,
essai sur la finitude

Paris, Hatier, 1994

La QUESTION DU DEUIL

Dans une collection destinée aux étudiants paraît un court livre, sobre et lumineux, consacré au problème de la mort. À une époque où, comme disait Hegel, « les philosophes sont devenus superflus, c'est-à-dire professeurs », Françoise Dastur y témoigne, comme déjà dans ses précédents textes, de ce que les professeurs peuvent être indispensables, c'est-à-dire philosophes. Ce souci pédagogique – allant au-delà de la pédagogie – qui caractérise son œuvre nous rappelle sans cesse que la philosophie, depuis son origine, a toujours été aussi une *paideia*.

L'ouvrage est conçu et construit en vue d'exercer, à partir de Heidegger et à sa suite, une double critique. La première ressort clairement de son plan, et s'adresse à ce que l'auteur appelle « la métaphysique de la mort ». La seconde, non moins centrale, se présente comme une défense de l'ontologie fondamentale à l'encontre de ses principaux critiques : Sartre, Derrida, et surtout Lévinas. Pour Françoise Dastur, en effet, c'est avec l'analytique du *Dasein* que la philosophie cesse d'esquiver le phénomène de la mort pour inscrire la mortalité au cœur de l'être de l'homme, pour penser, en d'autres termes, celui-ci à partir de sa propre finitude, c'est-à-dire de sa temporalité. Le mot célèbre d'Épicure : « Accoutume-toi à penser que la mort, avec nous, n'a aucun rapport[1] » serait ainsi le leitmotiv de la métaphysique tout entière de Platon à Hegel, dans la mesure où elle pense toute absence – et d'abord celle du défunt – comme une modalité de la

1. Épicure, *Lettre à Ménécée*, 124.

présence. L'ontologie fondamentale, en construisant le cadre conceptuel à partir duquel le sens de l'être comme présence pouvait être avéré pour la première fois et pensé *en tant que tel*, constituerait dès lors la première réplique véritable, et en vérité *la seule*, aux différentes métaphysiques de la mort. Pourquoi la seule ? Nous abordons ici le second aspect de ce *double front* sur lequel se bâtit cet ouvrage : parce que les critiques post-heideggériennes de l'ontologie fondamentale réduisent toutes la mortalité – qui n'est pas à confondre, nous y reviendrons, avec l'événement de la mort – à une circonstance ou une conjoncture de l'existence ; elles manquent le sens profond du mourir (*Sterben*) selon lequel « exister » veut dire, pour le *Dasein*, être-jeté dans le *rien* de l'être-au-monde, être-jeté dans la mort, ou encore, comme l'écrit Françoise Dastur, « exister (transitivement) la mort[2] ». Nous dirons jusqu'où nous pouvons suivre l'auteur dans cette défense et illustration de Heidegger.

Il est vrai que la critique de Sartre méconnaît les caractères fondamentaux du mourir heideggérien et reste aveugle à cette dimension abyssale de toute existence qui, parce qu'elle est fondamentalement transcendance et compréhension de l'être, est indissociablement ouverture au néant ou au rien (*Nichts*) – néant qui ne désigne aucune privation ou négation ontique mais le *néantir* de l'être même en tant qu'il est « l'autre pur et simple de tout étant ». En estimant que la mort survient au pour-soi de l'extérieur comme un fait contingent, parfaitement absurde, Sartre ravale la mortalité même au rang d'une contingence, d'une circonstance ou d'un accident survenant à un pour-soi qui, dès lors, apparaît en lui-même immortel, à l'image de la monade leibnizienne qui naît par création et périt par anéantissement. La « finitude » du pour-soi ne peut plus signifier, alors, que l'autolimitation d'une liberté absolue, quasiment démiurgique, libre jusque dans la contingence qu'elle rend elle-même possible et par conséquent responsable du monde jusque dans sa facticité. Mais une telle « facticité » – y compris celle de la mort – ne signifie plus ici que la factualité (*Tatsächlichkeit*) d'un pur fait, que Heidegger oppose à la facticité (*Faktizität*)[3] en tant qu'elle appartient à l'être même du *Dasein* sous la figure de la *Geworfenheit*. Si la

2. Françoise Dastur, *La Mort...*, p. 55.
3. *Sein und Zeit*, Max Niemeyer Verlag, Tübingen, 1927, p. 56. (Nous citons d'après la traduction d'Emmanuel Martineau, *Être et Temps*, éd. Authentica, 1985, ici ou là modifiée).

critique de Sartre apparaît bien intenable sous cette forme, comme le souligne Françoise Dastur, elle n'en est peut-être pas, pour autant, dépourvue de toute pertinence. Si elle méconnaît le sens proprement existential du mourir, elle questionne, inversement, la possibilité d'une distinction stricte entre la mort, qui désigne, pour Heidegger, une *manière d'être* du *Dasein*[4], une « possibilité d'être » (*Seinsmöglichkeit*)[5] dans laquelle il est jeté et qu'il a à assumer dès l'instant où il naît – et à cette seule condition la mort peut relever encore d'une *ontologie*, la mort « est », a un « mode d'être », précisément celui du *Dasein* – et, d'autre part, le « décès » (*Ableben*) comme événement public, comme « fait divers », qui ressortit à une compréhension impropre de la mort, le « On meurt » qui appartient à la quotidienneté.

L'analytique heideggérienne de la finitude s'articule, en effet, tout entière à partir de cette opposition principielle entre décéder (*ableben*) et mourir (*sterben*). Mourir ne signifie pas originairement pour le *Dasein* endurer l'événement (*Ereignis*) de la mort, ne signifie pas décéder au sens d'une mort factice ; au contraire, cela signifie pour lui se rapporter proprement à la possibilité la plus propre, absolue, indépassable de sa propre impossibilité, et par là même, s'angoisser devant la possible impossibilité de son être[6]. Cette possibilité propre du *Dasein* est en même temps la possibilité « la plus propre » (*eigenste*), et la possibilité du propre en tant que tel, l'origine de toute propriété à soi (*Eigentlichkeit*) du *Dasein* et, en conséquence, de toute ipséité (*Selbstheit*). Tandis que mourir signifie donc toujours se rapporter en propre et en première personne à un possible insubsituable de soi-même (sur le mode du « je meurs » : je meurs à tout instant, continuellement, je n'en finis pas de mourir depuis la naissance, dans la mesure où je m'angoisse pour l'impossible possibilité de mon être, pour le rien de mon être-jeté dans la mort qui transit de part en part tout pouvoir-être), décéder signifie, au contraire, se rapporter à la mort sur un mode *neutre*, non pas à une mort *mienne* résolument anticipée et anticipable, mais à une mort « en général », valable pour tous et pour personne. Seule une compréhension qui méconnaît la foncière *Eigentlichkeit* de la mort propre, de la mort en tant que ma *mort, peut convertir cette possible*

4. *Sein und Zeit*, p. 245 : « *Der Tod ist eine Weise zu sein, die das Dasein übernimmt, sobald es ist* ».
5. *Ibid.*, p. 250.
6. *Ibid.*, p. 266.

impossibilité de l'être-propre qui est encore une manière d'être proprement son être, en un simple « "fait" certain » (gewissen « Tatsache »)[7] d'une « certitude empirique » (*empirische Gewissheit*), ou encore en un simple « événement survenant dans le monde ambiant » (*umweltlich begegnendes Ereignis*)[8]. Seule une compréhension impropre du *Dasein* permet ainsi de niveler le mourir, originairement dévoilé par l'angoisse[9], et d'en pervertir le sens en le saisissant comme « un événement publiquement survenant (*ein öffentlich vorkommendes Ereignis*)[10] ». Dans un tel événement, le *Dasein* n'est plus en jeu lui-même en son ipséité ; la mort, convertie en décès, devient un simple fait, un indicent ou un accident, qui ne provoque plus l'angoisse, mais la peur : « Le On prend soin d'inverser cette angoisse en peur de l'événement qui arrive (*Furcht vor einem ankommenden Ereignis*)[11] » ; mais cette crainte elle-même est une fuite et une esquive, une soucieuse insouciance (*besorgten Sorglosigkeit*)[12] qui ne se fait jour que parce que le *Dasein* impropre n'a plus le cœur ou le courage (*Mut*) de s'angoisser. Ce décès que j'attends et auquel je m'attends comme à un événement du monde, n'est donc que le recouvrement de mon pouvoir-mourir en tant que possibilité irrésiliable et inaliénable de mon être. « La mort n'est à chaque fois que comme propre » – et Heidegger souligne ici le « est » : tel est bien le dernier mot d'une ontologie de la mort[13]. Dans cette mesure, le décès, l'événement d'une mort attendue, la chronique d'une mort annoncée, se fonde nécessairement dans le mourir, dans la chronologie d'une mort anticipée.

Sartre aurait donc commis une véritable *métabasis eis allô genos* – sauf qu'il ne s'agit pas de « genres », ici, mais d'existentiaux – il aurait confondu la mort avec le décès. La première est toujours essentiellement mienne, dans la mesure où, avec elle, « il y va purement et simplement du *Dasein* à chaque fois propre (*des je eigener Daseins*) » ; elle est ontologiquement déterminée par la mienneté (*Jemeinigkeit*)[14], et possède dans cette mesure

7. *Ibid.*, p. 258.
8. *Ibid.*, p. 257.
9. *Ibid.*, p. 251 : « L'être-jeté dans la mort se dévoile à lui le plus originairement et instamment dans la disposition affective de l'angoisse », de sorte que « l'être-pour-la-mort est essentiellement angoisse » (p. 266).
10. *Ibid.*, p. 253.
11. *Ibid.*, p. 254.
12. *Ibidem.*
13. *Ibid.*, p. 265.
14. *Ibid.*, p. 240.

le mode d'être de l'existence. Le second est issu d'une occultation de la première et n'atteint le *Dasein* qu'en régime déchu, lorsqu'il n'est plus capable de se rapporter à son être en première personne mais sombre tout entier dans l'anonymat du On. C'est pour le On et pour lui seul que la mort se présente comme décès, c'est-à-dire comme un événement dans le monde et du monde qui ne s'est pas encore produit, qui est sans cesse remis à plus tard, comme un possible qui « se réalisera » un jour, mais pour l'instant « pas encore » – et non pas comme un *possible à tout instant*. La déchéance a ainsi tendance à conférer à ce possible auquel elle s'attend le mode d'une effectivité (*Wirklichkeit*) à venir – l'effectivité et la réalité étant les catégories ontologiques de l'étant subsistant (*vorhanden*)[15] – et donc, à penser la mort elle-même dans l'horizon de la subsistance (*Vorhandenheit*).

Et si Sartre, cependant, n'avait pas seulement fait preuve ici d'une incompréhension concernant le double sens de la mort, mais avait voulu soutenir, contre Heidegger, le caractère irréductiblement *événemential* de celle-ci ? S'il avait voulu contester la pertinence du partage du propre et de l'impropre, tel qu'il se traduit dans l'opposition du mourir et du décéder ? Tout mourir, au sens existential, ne présuppose-t-il pas l'événement du décès, tel que j'en fais originairement l'expérience dans l'insubstituable épreuve du deuil, de sorte que toute dérivation simple d'un phénomène à partir de l'autre apparaîtrait rigoureusement exclue ? Pour que de telles questions aient véritablement un sens, il faudrait, cependant, renoncer à la conceptualité sartrienne et changer, pour ainsi dire, d'horizon philosophique. La question que Sartre nous permettrait de formuler – par-delà ses propres analyses – serait alors la suivante : à supposer que l'événement ne soit plus conçu comme ce qui survient à l'existence de l'extérieur mais qu'à l'inverse, l'existence même se détermine par son rapport aux événements – et non plus à l'être – à supposer qu'une herméneutique événementiale de l'existence humaine soit possible, la mort – aussi bien la mienne que celle d'autrui – ne devrait-elle pas être décrite, *en son sens originaire*, comme un *événement* ?

Ce qui s'oppose, pour Heidegger, à une telle affirmation, c'est principalement la considération suivante : l'événement est quelque chose de *neutre*, tandis que l'existence se définit

15. *Sein und Zeit*, § 43.

essentiellement par la mienneté (*Jemeinigkeit*), dont l'ipséité (*Selbstheit*) est la modalisation existentiale propre. Dans ces conditions, la neutralité de l'événement ne peut que rejaillir sur l'existence même, ou plutôt, l'existence ne peut accueillir l'événement que si elle se comprend elle-même sur un mode neutre. Seul un *Dasein* soumis à l'empire anonyme du On, modalisation impropre de la mienneté constitutive de l'existence, peut comprendre la mort comme mort impersonnelle, impersonnel « on meurt » où il n'y retourne plus, fondamentalement, de lui-même et de son être, où il n'est plus, en d'autres termes, « à-des-sein-de-soi » (*sich umwillen*). Or c'est précisément sur ce point que la seconde critique que repousse sans coup férir Françoise Dastur, celle de Lévinas, est peut-être plus juste et plus profonde qu'il n'y paraît de prime abord.

La mort et le souci-pour-l'autre

Ce qui est remarquable dans cette critique, c'est de voir à quel point elle est *articulée*, de sorte qu'il n'est pas nécessaire de suivre ici Lévinas dans les ultimes conséquences de son propre projet – celui de substituer l'éthique à l'ontologie comme philosophie première – pour en saisir la pertinence. On pourrait en dégager deux moments principaux : 1) Si tout souci, dans *Sein und Zeit*, est déterminé, fondamentalement, comme souci de soi, est-il possible de penser, du point de vue ontologico-existential, un souci pour l'autre ? 2) Un tel souci de l'autre et pour l'autre n'est-il pas plus originaire que le souci de soi ? La deuxième de ces questions présuppose, en quelque sorte, tout le dispositif conceptuel d'*Autrement qu'être ou au-delà de l'essence* pour pouvoir se formuler rigoureusement. La première, en revanche, met l'accent sur une difficulté interne à *Sein und Zeit*, puisque la possibilité d'une *Fürsorge*, c'est-à-dire d'un souci-pour autrui, y est expressément formulée et analysée.

Toute *Stimmung*, précise *Être et Temps*, possède un double caractère : le « devant quoi » (*das Wovor*) et le « pour-quoi » (*das Worum*) : par exemple, la peur est peur *devant* tel étant, et peur *pour* moi-même. La question que commence par soulever Lévinas est donc celle-ci : est-il vrai que toute disposition affective possède cette « double intentionnalité », c'est-à-dire, comme tout existential du *Dasein*, est essentiellement constituée par l'être-à-dessein-de-soi ? Est-il vrai que toute peur est nécessairement peur pour soi, tout espoir, pour soi[16], etc ? « La peur pour autrui, écrit Lévinas, n'entre pas dans l'analyse heideggérienne de la *Befindlichkeit* parce que dans cette théorie – très admirable, de la double intentionnalité – toute émotion, toute peur est finalement émotion pour soi, peur du chien mais angoisse pour soi. Et la crainte pour l'autre ?[17]... » En effet, c'est le « solipsisme existential[18] » de l'angoisse où autrui sombre dans l'insignifiance, qui rend ontologiquement accessible la constitution fondamentale du souci, de sorte qu'il ne saurait y avoir de souci que de soi, pour un étant qui existe essentiellement à-dessein-de-soi, pour lequel il y va à chaque fois en son être de cet être même en tant que *sien*. Mais qu'en est-il alors de ce que Heidegger nomme *Fürsorge*, c'est-à-dire, littéralement, du *souci-pour* (autrui) ? N'est-il qu'une simple modification existentiale du souci pour moi-même ? Lorsqu'il envisage la question du sacrifice, du *Sterben für*, ce sont ces questions que Lévinas a à l'esprit : « L'inquiétude pour autrui, écrit-il, passe avant le souci de soi[19] » ; « la mort de l'autre préoccupe l'être-là humain avant sa propre mort[20] ». Certes, il ne s'agit pas ici de nier ce que Heidegger formule expressément, que le sacrifice où je meurs « à la place de l'autre » n'ôte pas à autrui sa propre mort – comment Lévinas pourrait-il méconnaître l'évidence d'une telle affirmation ? – mais plutôt de penser *les conditions de possibilité du sacrifice en général, ce au nom de quoi le sacrifice est sacrifice*. Or ces « conditions de possibilité » résident dans la *Fürsorge*. La question que soulève Lévinas est donc la suivante : celle-ci est-elle pensable dans la conceptualité existentiale de *Sein und Zeit* ?

Au paragraphe 26 de l'ouvrage, Heidegger distingue deux modes possibles du *souci-pour* autrui (*Fürsorge*) : le souci-pour ou la sollicitude qui, en se substituant à autrui vise à l'alléger du fardeau de son souci, et ainsi, tend à le décharger de son être même. Le souci a été déterminé, en effet, comme la totalité du tout structurel du *Dasein*, telle qu'elle se dévoile pour la première fois à travers la *Grundstimmung* de l'angoisse, c'est-à-dire l'être-jeté dans la mort comme possibilité ultime et insubstituable de l'être-au-monde. Vouloir ainsi décharger le *Mitdasein*, par souci

16. *Ibid.*, p. 345.
17. Lévinas, *Entre nous, essais sur le penser-à-l'autre*, Grasset, 1991, p. 135.
18. *Sein und Zeit*, p. 188.
19. *Entre nous...*, p. 228.
20. *Ibid.*, p. 229.

pour lui, de sa propre angoisse et de sa propre mortalité est à la fois la plus grande et la plus insidieuse des violences, et c'est pourquoi elle fait l'objet, dans *Sein und Zeit*, d'une condamnation sans appel. Mais à l'encontre d'un tel souci pour l'autre *impropre*, une autre possibilité s'offre au *Dasein* : « La possibilité d'une sollicitude qui ne se substitue pas tant à l'autre qu'elle ne le devance en son pouvoir-être existentiel, non point pour lui ôter le "souci", mais au contraire, proprement (*eigentlich*) pour le lui restituer[21]. » Seule cette dernière constitue la « solidarité authentique » de deux *Dasein*, et « aide l'autre à devenir libre *pour* lui-même[22] ». Ces quelques phrases bien connues constituent, en vérité, une sorte d'*hapax legomenon* dans *Sein und Zeit*, non point seulement parce que, à la différence des autres existentiaux, le souci-pour l'autre n'est jamais analysé dans sa modalité propre et n'apparaît ici, fugitivement, que dans un paragraphe consacré au *Mitsein* quotidien ; mais aussi, principiellement, parce que les conditions existentiales de possibilité d'une telle « sollicitude » apparaissent contradictoires avec l'économie interne de l'ontologie du *Dasein*. Que peut signifier, en effet, existentialement, devancer autrui dans son pouvoir-être existentiel pour lui restituer proprement son souci ? Un tel devancement dans le pouvoir-être existentiel du *Mitdasein* n'est possible que s'il se fonde, ultimement, dans la possibilité ultime et insubstituable de son être, dans sa mortalité, puisque seule l'anticipation de la mort « ouvre conjointement toutes les possibilités antérieures à elle », incluant « la possibilité d'une anticipation existentielle de tout le *Dasein*, c'est-à-dire d'exister comme *pouvoir-être total*[23] ». Ainsi devancer autrui dans sa possibilité existenti*elle* n'est possible que si je le devance *aussi* et *d'abord* dans sa possibilité existent*iale* ultime, puisque celle-là provient de celle-ci. Comment pourrais-je, du reste, « restituer » à autrui son souci, si je n'avais originairement accès à ce dernier, si l'être même d'autrui, dans sa modalité propre, ne m'était accessible en quelque façon ? Or le souci n'est phénoménalement accessible que dans l'angoisse qui isole le *Dasein* et le dévoile comme *solus ipse*. Autrui y sombre dans l'indifférence avec la totalité des renvois de la significance (*Bedeutsamkeit*). Dès lors, la possibilité même d'une sollicitude authentique présuppose quelque chose qui, du point de vue de

---

21. *Sein und Zeit*, p. 122.
22. *Ibidem*.
23. *Ibid.*, p. 264.

Sein und Zeit, apparaît comme une véritable contradiction dans les termes – à savoir la possibilité, pour le *Dasein* à chaque fois mien, de s'angoisser-pour-l'autre, c'est-à-dire pour la possibilité ultime et indépassable qui fonde l'ipséité d'autrui et qui ouvre en arrière de soi tous ses possibles factices. Non pas une simple crainte ontique devant telle ou telle possibilité d'autrui, mais crainte devant le tout de son être-au-monde, devant ce tout qui est un rien, devant le rien de ce tout, devant le rien *du* tout de son être-jeté : sa mort. Seul un *Dasein* capable de s'angoisser ainsi pour le tout de l'être-au-monde d'autrui, peut justement lui « restituer » son souci, et ainsi le devancer dans son pouvoir être existentiel factice : avoir pour lui de la sollicitude.

Mais l'angoisse, dans *Sein und Zeit*, est doublement référée à soi : elle est angoisse *devant* soi-même et *pour* soi-même : « Le devant-quoi de l'angoisse est l'être-au-monde jeté ; le pour-quoi de l'angoisse est le pouvoir-être au monde[24]. » En outre c'est l'*Eigentlichkeit* même de la sollicitude qui fait problème : l'être-en-propre, la propriété de l'être présuppose nécessairement le devancement de la mort propre et la propriété fondamentale de la mort ; elle s'oppose à l'impropriété du On où, dans la fuite devant la mort, « chacun est l'autre et nul n'est lui-même[25] ». La dispersion de la quotidienneté est, en même temps, un « oubli de soi » (*Selbstvergessenheit*), où le *Dasein*, « capté » par son monde, se comprend à partir de l'étant dont il se préoccupe[26]. Or le souci-pour l'autre ne présuppose-t-il pas, justement, un « oubli de soi » *authentique* par lequel le *Dasein* à chaque fois propre « *est* (transitivement) l'autre », sans pour autant se confondre avec lui dans la neutralité du On, et à cette seule condition, peut prendre en charge son souci et, proprement, le lui restituer ? C'est ce que suggère bien Heidegger dans un passage des *Problèmes fondamentaux de la phénoménologie* où il note : « L'ipséité [...] constitue la présupposition ontologique de l'oubli de soi (*Selbstlosigkeit*) dans lequel le *Dasein* se rapporte à autrui à travers la relation existentielle je-tu[27]. » Mais comment distinguer phénoménologiquement cette *Selbstlosigkeit* de la sollicitude de la *Selbstvergessenheit* propre à la déchéance ? La

24. *Ibid.*, p. 191.
25. *Ibid.*, p. 128.
26. *Logik, die Frage nach der Wahrheit*, GA, Bd. 21, p. 231 ; *cf.* aussi, *Sein und Zeit*, p. 339.
27. *Grundprobleme der Phänomenologie*, GA, Bd. 24, p. 422.

sollicitude véritable, qui est un autre nom de l'amour[28] ne réside-t-elle pas dans cette paradoxale manière d'« être l'autre » que décrit bien Jankélévitch, puisque l'amour nous fait nous réjouir de l'être même de l'autre, « se réjouissant de sa joie et souffrant de ses peines, craignant de ses craintes et espérant de son espoir[29] » ? Le souci véritable pour l'autre réalise ainsi cette contradiction apparente de nous donner accès à l'ipséité même d'autrui, d'avoir souci de son être même. Un tel souci de l'être même de l'autre n'est pas une nouveauté philosophique introduite ici pour les besoins de la cause : il n'est qu'à voir comment, déjà dans l'*Alcibiade* de Platon sont intimement noués l'amour comme souci (*mélетê*) de l'être même de l'autre, c'est-à-dire de son âme, et le fait que ce souci pour l'autre consiste précisément à lui restituer son propre souci de lui-même, à faire en sorte qu'il ait souci de soi (*mélетê séautou*), qu'il ait soin de son âme. *Mélетê séautou* indissociable d'une *mélетê thanatou*.

Que je puisse m'angoisser, en mon être même, pour la mort d'autrui et me soucier ainsi de *son être même*, c'est là une possibilité qui, en revanche, apparaît principiellement exclue dans *Sein und Zeit* : « être » y signifie toujours être en souci d'être, être en souci de son être, éprouver un intérêt absolu à sa propre existence. La mort propre y est pensée comme le fondement de toute propriété à soi du *Dasein*, le véritable *principium individuationis* de l'existence : il n'est pas fortuit, à cet égard, qu'un cours de 1925 propose de substituer au *cogito sum* de Descartes, un *sum moribundus*, où le *moribundus*, « je suis mourant », est ce qui donne son sens au *sum*, au « je suis[30] ». Mais le souci pour la mort de l'autre, c'est-à-dire pour son être même, n'est-il pas ce qui vient briser l'« autonomie[31] » de cette existence autarciquement refermée sur soi par la mort propre, rendant pensable que la mort d'autrui puisse me concerner au plus intime au moins autant que ma propre mort ? C'est le sens de l'objection de

28. Heidegger approfondira les passages de *Sein und Zeit* consacrés à la *Fürsorge*, dans son commentaire des hymnes de Hölderlin consacré à « Germanie », en une méditation sur l'amour : « Le poète sait d'une façon trop originelle que s'accrocher simplement à l'autre n'est pas de l'amour, n'est pas la volonté que l'aimé soit ». « Selon la sagesse ancienne, l'amour est un vouloir, il veut que ce qu'il aime soit, sous sa forme particulière ; qu'il soit fidèle à son essence » (GA, Bd. 29, p. 94 et 82).

29. Jankélévitch, *Les Vertus et l'Amour*, tome II, Flammarion, 1986, p. 174.

30. Heidegger, *Prolegomena zur Geschichte des Zeitbegriffs*, GA, Bd. 20, p. 437 438.

31. *Sein und Zeit*, p. 332.

Lévinas, quand il écrit : « Ce qu'on appelle d'un terme un peu frelaté amour est par excellence le fait que la mort de l'autre m'affecte plus que la mienne[32]. » Déjà, par ce petit mot « plus », Lévinas accomplit un pas supplémentaire, qui le conduit vers ses propres analyses du sacrifice. Nous n'entrerons pas davantage ici dans la critique proprement lévinassienne de Heidegger, qui s'articule tout entière autour des notions éthiques de substitution et de responsabilité pour l'autre jusque dans sa mort. C'est dans cette responsabilité absolue et cette substitution du sacrifice – et non plus dans l'être-pour-la-mort – que se fondent l'unicité et la subjectivité du moi pour Lévinas : « "Je suis responsable de l'autre en tant qu'il est mortel." La mort de l'autre, c'est là la mort première[33]. » L'idée d'une responsabilité pour l'autre précédant ma propre responsabilité inaliénable à l'égard de ce que j'ai voulu, et donc ma propre liberté, l'idée d'un dévouement précédant tout vœu et d'une culpabilité immémoriale par laquelle le Soi est assigné dans sa condition d'otage, posent des problèmes spécifiques dans lesquels nous ne pouvons entrer[34]. Il reste néanmoins à se demander si ce que Lévinas appelle « la non-séparation dans la mort[35] », c'est-à-dire le fait que la mort d'autrui, dans l'amour, me concerne aussi intimement que ma propre mort, ne nous contraint pas à revenir sur le caractère dérivé du deuil pour la détermination de l'ipséité.

Ici se croisent les deux axes de notre questionnement : celui de la mort en tant qu'*événement* par excellence ; celui du souci pour autrui jusque dans sa mort, tel que le manifeste l'expérience bouleversante du deuil.

Le deuil ne désigne-t-il donc qu'un ensemble de pratiques rituelles, relevant d'une anthropologie ou d'une ethnologie hiérarchiquement subordonnées à l'ontologie fondamentale, comme le pense Heidegger ? Ne désigne-t-il pas plutôt l'épreuve insubstituable d'un *événement* qui m'affecte jusque dans mon intimité à moi-même ? Le primat conféré par Heidegger à la mort propre (*eigentliche*) et à la propriété (*Eigentlichkeit*) du *Dasein* ne le contraint-il pas non seulement à dériver le phénomène du deuil, mais à le *méconnaître* en son essence en affirmant, comme le fait

32. Lévinas, *La Mort et le Temps*, p. 68.
33. *Ibid.*, p. 48.
34. Au sujet des questions que posent cette responsabilité prométhéenne et la détermination du Soi comme « otage », le remarquable article de Jean-Louis Chrétien, « La dette et l'élection », *in : Cahiers de l'Herne : E. Lévinas.*
35. *Entre nous...*, p. 224.

Françoise Dastur, d'ailleurs en toute fidélité : « quand nous pleurons les morts, c'est toujours en vérité sur nous-mêmes que nous pleurons[36] » ? Une phénoménologie du deuil ne fait-elle pas éclater, inversement, les cadres d'une détermination purement existentiale de l'ipséité ? Ne nous conduit-elle pas à comprendre la subjectivité du sujet, plus fondamentalement, comme expérience, au sens de la capacité de faire l'épreuve insubstituable d'événements, au rang desquels figure aussi bien la mort d'autrui que la mort propre ? Ces questions sont préordonnées à une phénoménologie du deuil et lui servent de fil conducteur.

Le mourir intransitif

Comment décrire phénoménologiquement le deuil dans son originalité et son originarité, sans le ravaler d'entrée de jeu à un phénomène d'ordre culturel, à un ensemble de rites et de pratiques funéraires, ou – ce qui revient au même pour Heidegger – à une manière impropre d'exister sa propre mort dans l'esquive et la fuite auprès des évidences rassurantes du On ? Le deuil est l'épreuve insubstituable d'un événement, la mort d'autrui, qui loin de me laisser moi-même inchangé, me bouleverse au plus intime. Mais que faut-il entendre par « événement » ? Que signifie en faire l'épreuve ? Plus précisément, que signifie faire l'épreuve de la mort d'autrui, à supposer qu'une telle épreuve, non empirique, soit possible ?

En tant que fait, la mort d'autrui est *inexpérimentable* : mourir, en effet, c'est ne plus être de ce monde, perdre le monde en tant que tel, et une telle « perte » qui survient à autrui, si elle s'accompagne pour moi de signes corporels, ne saurait être elle-même l'objet d'une expérience : car il n'y a d'expérience propre que du propre, et à la mort d'autrui nous restons étrangers, irrémédiablement extérieurs, impuissants spectateurs de ce qui se dérobe à tout spectacle, puisqu'en un sens, ici, « rien » n'a eu lieu – et ce *rien* est la mort – le spectacle d'un cadavre humain suscitant parfois l'indécence d'une curiosité d'autant plus grande qu'elle ne peut justement rien saisir, qu'elle demeure entièrement fermée à « ce qui se passe ». Car ce qui « se passe » n'est rigoureusement « rien », rien qui puisse être appréhendé comme un fait dans le monde, mais ce rien de l'événement est précisément ce qui frappe ici avec d'autant plus de force que la

36. F. Dastur, *La Mort...*, p. 44.

mort est moins visible et se soustrait à tout regard. Rien n'est moins spectaculaire que la mort, et c'est pourquoi, rien n'aiguise davantage l'indécence de la curiosité ; mais cette dernière manifeste plutôt l'impuissance à endurer ce qui, sans jamais « paraître » à la manière d'un *fait* dans le monde, nous atteint pourtant en plein cœur : *l'événement lui-même.* Mais en quel sens l'événement de la mort d'autrui est-il justement un événement *éprouvé* – selon une épreuve radicalement non empirique – par ceux qui restent ? En quel sens le deuil nous atteint-il *nous-mêmes*, en notre insubstituable ipséité, au cœur de nos possibles articulés en monde ?

Pour le comprendre, il convient d'approfondir cette distinction du fait et de l'événement. Inexpérimentable comme fait, la mort d'autrui n'en est pas moins intimement éprouvée, comme événement, par ceux qui restent. Tandis que le fait intramondain ne survient, à proprement parler, *à personne* : la pluie tombe, l'éclair luit, l'homme décède pour quiconque en est témoin, c'est-à-dire pour personne en particulier, l'événement m'arrive insubstituablement à moi, qui en subis l'épreuve, et dans cette mesure même, fait histoire dans ma propre aventure. Un deuil, une rencontre, une maladie ne sont des événements, en ce sens, que pour autant qu'ils surviennent *incomparablement* à chacun et le rendent, par là même, *incomparable à tout autre.* Un deuil, en effet, n'est jamais deuil « en général », et si d'autres peuvent éprouver le deuil d'une même personne que moi, ce ne sera justement pas le même deuil : événement à chaque fois unique, qui me met en jeu moi-même, en mon unicité.

Distinguer l'événementiel de l'événemential, c'est par conséquent faire le départ entre ce qui a trait à l'événement au sens du fait intramondain et ce qui relève de l'événement instaurateur de monde. De quelle manière ? Quel rapport, en effet, l'événement entretient-il avec le monde ? Que signifie le mot « monde » dans ces diverses expressions ? Le fait peut être déterminé, suivant le mode d'apparition qui lui est propre, comme *intra*mondain dans la mesure où il s'annonce toujours à l'intérieur d'un « monde », compris comme le contexte événementiel qui lui confère son sens : complexe de faits assortis de leur cause dans la trame duquel il s'insère et à l'aune duquel il s'explique. L'événement au sens événemential signifie, au contraire, pour celui qui l'éprouve, l'avènement d'un nouveau monde. Mais il ne s'agit pas, ici et là, du même « monde » : tandis que le « monde » signifie, dans le premier cas, le contexte signifiant de chaque fait pour autant qu'il s'insère dans une trame causale, il signifie, dans la seconde acception, la totalité des éventualités articulées entre elles que l'événement reconfigure dans son surgissement an-archique. Ainsi, l'événement n'est pas *d'abord* un fait qui pourrait, en un second temps, faire l'objet d'une expérience ; il n'« est » rien d'autre que la reconfiguration de mes possibles intrinsèques, c'est-à-dire la totalité des éventualités qu'il porte en soi et apporte avec soi, selon laquelle il me bouleverse moi-même et le monde et me donne de me comprendre autrement, dans la mesure même où je l'expérimente. Épreuve singulière de l'unique, ex-per-ience, qui signifie étymologiquement une traversée de soi à soi au risque de soi-même, en tant qu'exposition au tout autre (à l'événement) – et diffère donc principiellement du concept empirique d'« expérience » comme réception, par un « sujet », d'un donné objectif. Le « sujet » susceptible d'éprouver des événements selon une telle épreuve non empirique et de s'*advenir* à soi-même à partir des possibilités que ces événements ont ouvertes et par lesquelles ils font époque dans sa propre aventure, nous l'appellerons l'*advenant*. L'advenant est le titre pour l'homme dans la mesure où celui-ci est constitutivement ouvert à des événements, dans la mesure où l'humanité est la capacité d'être « sujet » de ce qui nous arrive. L'humanité de l'homme signifie l'ouverture à des événements qui lui permet de les comprendre et de se comprendre soi-même à partir d'eux : comme advenant. Son a-venture signifie, rigoureusement, l'ouverture à ce qui lui advient. Devenir soi-même, pour l'advenant, c'est par conséquent s'advenir incomparablement à tout autre à partir des événements dont il fait l'insubstituable épreuve, qui lui sont *destinés* et lui donnent, par là même, un *destin* : aventure sans retour. Cette phénoménologie du pré-subjectif peut remonter ainsi en-deçà de tout sujet donné pour décrire l'événement de la *subjectivation*, l'aventure d'une naissance du soi à soi-même par laquelle s'instaure, à chaque instant, l'ipséité, à partir d'une neutralité originaire.

Qu'en résulte-t-il, dès lors, pour une phénoménologie du deuil ?

Le deuil est l'expérience absolue de la séparation, d'une séparation irrémédiable et irréversible d'avec autrui, qui survient avec sa mort ou avec sa disparition : le défunt est celui qui, littéralement, « nous a quitté », non point pour aller ailleurs, mais parce que c'est le temps même où il était présent pour nous qui apparaît, désormais, inaccessible. Toute séparation seulement spatiale est réversible, remédiable ; l'absolu de la séparation est temporel. Mais de qui ou de quoi, précisément, une telle « séparation » nous sépare-t-elle ?

Pour pouvoir penser le deuil comme séparation *absolue*, il ne suffit pas qu'autrui « disparaisse ». Il faut que sa disparition entraîne avec soi un cataclysme qui n'est pas seulement perte de la personne aimée dont je ressens l'absence, mais aussi bien *perte de moi-même* : perte qu'il faut penser ici, en son sens fort, comme une *mort* véritable. Nous ne mourons pas seulement à la personne aimée mais, à travers cette première mort, nous mourrons à nous-mêmes, c'est-à-dire à celui que nous ne pouvions être insubstituablement que *pour* elle et elle seule. Mais comment un tel phénomène est-il possible ? Comment le deuil, la mort de l'autre en tant qu'épreuve subie, mort à l'autre, peut-il être indissolublement mort à soi-même ? Comment déterminer ce « soi-même » qui chancelle dans l'expérience du deuil, et auquel je meurs en mourant à autrui ?

Insubstituable, je le suis, en effet, par la relation singulière qui se noue dans la rencontre, avec un « toi » singulier. C'est cet événement qui ouvre l'aire de jeu et de possibles à partir de laquelle notre monde s'articule en tant que monde en partage ou en commun. Ce dont nous sépare radicalement l'événement de la perte, ce n'est donc pas seulement d'autrui tel qu'il s'annonce dans le monde ; c'est de *ce monde même*, tel qu'il est configuré pour nous par l'événement inaugural d'une *rencontre*, et par les événements ultérieurs qui scandent notre aventure. Puisque l'ipséité de l'advenant s'origine dans l'événement – et non point dans l'anticipation de sa mort propre comme pouvoir-être total – et plus spécifiquement, ici, dans l'événement de la rencontre, elle s'origine aussi dans les possibles que celui-ci a ouverts, qui *s'entrelacent* à ceux d'autrui dans une histoire commune, aussi incomparable pour chacun qu'il est lui-même incomparable, et dont la mort de l'autre représente, au double sens du terme, le *dénouement*. À cette seule condition la mort de l'autre peut m'atteindre au cœur de mes possibles articulés en monde et, par là même, au plus intime de mon ipséité.

Ce caractère *panique* de la séparation, selon lequel *c'est le monde même*, entretissé de compossibles, tel qu'il nous est échu en partage depuis l'événement précurseur de la rencontre, *dont je suis séparé par le deuil*, a été décrit par Proust dans des pages admirables d'*Albertine disparue*. À la vision des objets familiers, jadis liés à l'idée d'Albertine, « un flux de souffrance, écrit-il, venait me frapper[37] ». Ce qu'il y a de plus douloureux, en effet, dans la perte de l'être aimé, ce sont tous les *à côtés* par lesquels son souvenir vient nous meurtrir par des voies non-encore frayées par l'habitude, toujours nouvelles et imprévisibles. Mais, remarque aussitôt Proust, le plus singulier, dans cette souffrance, c'est qu'elle ne tient nullement à des souvenirs précis, à des reliquats psychologiques ou empiriques, à des vécus de conscience, mais *au monde même de la personne aimée*, qui fait que quand elle se retire de notre vie, c'est notre vie elle-même qui se retire, se vide d'elle-même et de tout, de sorte que le vide par elle laissé est si vaste que c'est comme si c'était la mer, tout entière, qui s'était retirée, laissant sur les grèves palpitantes encore, les reliquats de sa présence : « Je fus pendant ces jours là si incapable de me représenter Albertine [...] comme ma mère, dans les moments de désespoir où elle fut incapable de se représenter jamais ma grand-mère [...] aurait pu s'accuser et s'accusait en effet de ne pas regretter sa mère dont la mort la tuait, mais dont les traits se dérobaient à son souvenir[38]. » L'expérience de la perte et du deuil n'est nullement réductible à des vécus psychologiques, puisqu'elle est éprouvée dans sa plus grande intensité même là où fait défaut le souvenir : elle est épreuve d'un événement en tant que tel inexpérimentable, qui plonge ses racines dans notre aventure même et la fait basculer. Le narrateur a en vue cet événement lui-même lorsqu'il affirme, en parlant de cette souffrance nouvelle, inconnue, provoquée par la mort d'Albertine : « *Le monde n'est pas créé une fois pour toutes pour chacun de nous*[39] », et, un peu plus loin : « Alors ma vie fut entièrement changée[40]. » Les souvenirs peuvent bien être, si l'on veut, la cause psychologique de la souffrance liée à la séparation, mais nullement son *origine* événementiale qui est proprement ce par quoi ces souvenirs peuvent nous toucher et nous atteindre, ce sans quoi nous ne pourrions expérimenter la pure douleur sans image de la perte. Car le caractère « panique » de la séparation, le vide *total* qu'elle laisse en nous, ne saurait être épuisé

37. Proust, *À la recherche du temps perdu*, « Biblio. de la Pléiade », t. IV, p. 48.
38. *Ibid.*, p. 49.
39. *Ibid.*, p. 58.
40. *Ibid.*, p. 60.

par aucun souvenir : cela est dit admirablement, fugitivement, dans une unique phrase, qui résume à elle seule le sens phénoménologique de l'événement de la perte, avec lequel *le monde entier vacille* : « Albertine m'avait semblé un obstacle entre moi et toutes choses, parce qu'elle était pour moi leur contenant et que c'était d'elle, comme d'un vase, que je pouvais les recevoir[41] » : avec la disparition d'Albertine, c'est le monde même qui était le sien, celui que le narrateur partageait avec elle, le contenant de toutes choses, qui disparait. Non pas seulement un pan de mon possible, tous ces projets qui « ne tenaient qu'à elle » ; car en modifiant certains possibles, comme tout événement véritable, la séparation reconfigure, en vérité, à chaque fois, *la totalité* du possible. Avec la mort d'Albertine, c'est tout le monde ancien qui s'engouffre dans un passé révolu, achevé, dont je suis à jamais séparé – qui bascule et s'effondre. Ainsi, c'est justement dans la perte de l'autre que se révèle aussi, avec le plus d'intensité, le mode même de sa présence, présence qui plonge ses racines dans la nôtre, présence arborescente qui traverse notre monde en l'ouvrant à un monde autre – incomparablement.

Mais que signifie ici : « incomparablement » ? Autrui n'est pas incomparable à moi en tant qu'il est *autre* (selon une Altérité absolue qui, en termes lévinassiens, s'absoudrait de toute relation au Même), mais en tant qu'il est *lui-même*, c'est-à-dire, *à l'instar de moi-même*, radicalement singulier. Il y a donc à cet égard une parfaite *réciprocité* entre moi et autrui : je suis aussi incomparable à lui qu'il l'est à moi et à tout autre, et son altérité – si elle n'est certes pas une altérité spécifique subordonnée à un genre commun, une différence catégoriale, mais bel et bien une différence événementiale qui s'enracine dans son histoire en tant qu'elle le singularise – est une altérité relationnelle et *relative*, qui se dit par conséquent encore *pros hétéron*, comme l'altérité déterminée du *Sophiste*. En outre, l'ipséité est cette manière, pour l'advenant, de s'advenir comme soi-même, cette subjectivation à partir d'événements en eux-mêmes *neutres*, et nullement la « sujétion » du moi à autrui telle que la pense Lévinas.

C'est en ce sens seulement que l'événemential du deuil devient compréhensible comme une modalité fondamentale de l'advenant dans l'exposition sans mesure à l'événement, de sa propre a-venture : le deuil est ce mourir à autrui qu'endurent

41. *Ibid.*, p. 65.

ceux qui restent, ce « mourir à celui qui est mort », qui est indissociablement une mort à soi-même. Proust, lui encore, l'a dit sans doute avec une force inégalée : « Seule, me disais-je, une véritable mort à moi-même serait capable (mais elle est impossible) de me consoler de la sienne. Je ne pensais pas que la mort de soi-même n'est ni impossible ni extraordinaire ; elle se consomme à notre insu, au besoin contre notre gré, chaque jour[42]... » *La liaison intrinsèque, indissoluble, de la mort à autrui et de la mort à moi-même est ce qui constitue en tant que tel le sens événemential du deuil.* Certes, toute la question reste ici de savoir comment penser cette double mort, cette mort redoublée : pour Proust, elle a exclusivement le sens empirique d'un oubli inexorable, d'une désaccoutumance, comme s'il s'agissait seulement de desserrer les liens avec la personne aimée que l'habitude a noués, dans sa tyrannie implacable. De telles explications psychologiques et empiristes restent pourtant en-deçà du sens proprement *événemential* du deuil.

Cette corrélation d'un mourir à autrui – et à son monde – et d'un mourir à soi-même repose, en effet, sur une analyse proprement événementiale, et non plus psychologique, du « soi-même », de l'ipséité. Le moi était pour Proust contraction et succession d'habitudes. L'ipséité signifie, en revanche, pour l'advenant, la capacité d'être « sujet » de ce qui lui arrive, de s'advenir par conséquent comme soi-même à travers les possibles renouvelés que l'événement, à chaque fois, configure, en s'appropriant ces éventualités, c'est-à-dire en en faisant la source de toute propriété à soi-même. Dès lors, si la mort à autrui peut être, indissociablement, mort à soi-même, c'est parce qu'elle est mort vis-à-vis de *celui* qui n'était que pour l'autre et par la grâce de sa rencontre. Ce dont le deuil consacre la perte irréparable, ce n'est pas seulement d'habitudes contractées, comme le pense Proust quand il se fait le porte-parole d'un certain empirisme qui réduit l'événement du décès à un fait intramondain ; la perte est ici perte de *possibilités* qui nous sont échues en partage à l'un et à l'autre depuis l'événement d'une rencontre, et ne cessent de nous échoir tout au long de notre histoire. Et l'auteur de la *Recherche*... ne l'ignore pas, quand il écrit que ce dont la séparation absolue est la perte, c'est de tout un *avenir* qui n'existait pour moi que par l'autre, dans la mesure où je le

42. *Ibid.*, p. 66.

recevais de lui : « Toute ma vie à venir se trouvait arrachée à mon cœur [...] Cet avenir indissoluble d'elle [Albertine], je n'avais pas su l'apercevoir, mais maintenant qu'il venait d'être descellé, je sentais la place qu'il tenait dans mon cœur béant[43] ». Ce qui est perdu, avec le deuil, c'est donc ce qui rendait précisément autrui unique, et incomparable notre histoire : ce sont les possibles qu'elles recelait, nos compossibles, qui articulaient notre aventure et lui donnaient sa figure singulière. Le deuil est cette brisure de nos possibles dépareillés.

Perte plus profonde que toute perte empirique, le deuil est donc une « perte » en un sens paradoxal : non pas perte de ce que j'ai (puisque perdre un avoir, une possession, n'est que l'envers de l'acquérir, ce n'est jamais se perdre soi-même), mais perte de ce qui, en aucune manière, ne m'appartient, de ce qui est entièrement libre vis-à-vis de moi-même, mais que je ne puis justement perdre *comme tel* sans me perdre avec lui. Si le deuil n'est pas seulement cet événement mondain, ce fait « objectif » mais bien plutôt cet événement à nul autre pareil qui me frappe en plein cœur *comme nul autre*, et me bouleverse au plus intime, c'est parce qu'avec cet événement, il y va de mon ipséité : car le « même » du moi-*même* n'est pas donné une fois pour toutes hors de la « relation » à l'autre que la rencontre instaure. C'est par un tel événement, sous le regard d'autrui, pour lui, que j'acquiers pleinement moi-même unicité et insubstituabilité. Aussi, la souffrance du deuil tient-elle surtout à ceci que, dépouillé de l'être aimé, je ne m'appartiens plus entièrement à moi-même, puisque celui dans le regard duquel j'étais unique, irremplaçable, n'existe plus. Ce qui meurt de moi avec la mort d'autrui, ou avec l'absolue séparation d'avec lui, c'est mon ipséité-pour-l'autre, en tant que celle-ci ne *m'advient* que depuis l'événement où se noue notre commune aventure : car je ne « suis » jamais le même avec chacun, non point en vertu d'une « mauvaise foi » ontologique (Sartre) qui me ferait toujours jouer un rôle, me composer un personnage, être en représentation, mais *au contraire*, parce que je ne suis jamais moi-*même* que *pour-l'autre*, dans une relation absolue et absolument singulière de deux absolus singuliers, parce que l'ipséité, comprise événementialement, est quelque chose qui *m'advient* dans l'événement de ma rencontre continuée avec l'autre, selon les tours et les détours de notre histoire.

---

43. *Ibid.*, p. 59.

La relation amoureuse est ici exemplaire, dans la mesure où il n'y a pas de deuil qui ne soit « deuil amoureux », « amours défuntes » (Baudelaire), qui ne mette pas en jeu l'amour en tant que tel, selon ses différentes modalités et variétés. La relation amoureuse est une relation absolue de deux absolus où ils sont en jeu l'un comme l'autre dans leur être mutuel. Elle est rencontre de deux histoires, rencontre qui n'est pensable que si l'on pense la possibilité de possibles communs, de compossibles : un croisement inextricable où nos possibles, sans jamais se recouvrir ni se confondre dans une sorte d'unité fusionnelle, s'entrelacent néanmoins pour ne former qu'une seule histoire, celle de notre amour, histoire unique, incomparable, où il n'est plus possible de distinguer ce qui revient à l'initiative de l'un ou de l'autre, et où, sans jamais « ne faire qu'un », l'ipséité et l'altérité s'adviennent l'une-pour-l'autre. Un tel entrelacement de nos possibles restait impensable pour Heidegger, dans la mesure où *tout* possible factice, qui est remis au *Dasein* dans la situation où il a, à chaque fois, à se décider, provient de l'anticipation de sa possibilité indépassable, la mort, résolution angoissée dans laquelle le *Dasein* atteint à son *isolement existential extrême et à son individuation la plus radicale* : il ne saurait, par conséquent, m'être conféré par l'événement de la rencontre où autrui, pour la première fois, se déclare.

Cette mort à autrui en tant que mort à soi-même (deuil), c'est-à-dire à ce « même » de l'ipséité qui n'était tel que depuis l'événement *neutre* de la rencontre – « *Ce fut* comme une apparition », écrit profondément Flaubert dans *L'Éducation sentimentale* – l'auteur de la *Recherche* la compare encore, profondément, à la douleur qu'éprouvent les amputés dans leur « membre fantôme » ; à l'occasion d'un beau soleil propice à la promenade, surgit l'idée qu'Albertine serait sans doute allée faire en Touraine une excursion à bicyclette : « Mais, comme aux amputés, le moindre changement de temps renouvelait mes douleurs dans le membre qui n'existait plus. » La perte de l'aimée est si bien perte de moi-même qu'elle peut être comparée ici à un sectionnement dans *ma* chair ; mais si la douleur des amputés est encore « localisable » – justement dans le « membre fantôme » – la souffrance amoureuse ne l'est pas. C'est cette douleur omniprésente, ubiquitaire, qui n'est jamais aussi intense que du fait des infimes détails – objets lui ayant appartenu, tournures de phrases qu'elle avait coutume d'employer, etc. – qui sont dans ce monde-ci comme les vestiges du monde ancien : détails dans lesquels le monde ancien luit soudain avec une intensité blessante comme si nous y étions, à nouveau, transportés. Ici, comme dans le cas de la blessure des amputés, il s'agit d'une blessure dont on ne « guérit » pas, si toute « guérison » signifie la restauration de l'intégrité corporelle : blessure unique, irrémédiable, produite en nous par la perte de l'unique et de ce qui, de nous, pour elle était unique, ou plutôt de *celui* (le « qui » de l'ipséité) qu'elle a aimé, et qui n'existait en tant que tel que *pour elle*, dans cette « relation » amoureuse absolument singulière, singulièrement absolue. Rien ne peut, en effet, guérir de la perte de ce qui, en aucune façon, ne peut être remplacé. Ainsi peuvent coexister dans le même advenant des blessures multiples qui correspondent à des deuils successifs, à des morts successives à autrui et, conséquemment, à soi-même[44].

Au terme de ces analyses, la question que l'on pourrait adresser à l'ouvrage de Françoise Dastur, en même temps qu'à Heidegger, est la suivante : le deuil ne doit-il pas être considéré comme *aussi originaire*, pour l'advenant, que sa mort propre – de sorte que c'est l'opposition même du propre et de l'impropre, telle qu'elle structure toute l'économie conceptuelle de *Sein und Zeit*, qui serait mise en cause ? La mort d'autrui, en d'autres termes, ne m'est-elle pas aussi intime que la mienne propre, de sorte que ma propre mort serait elle-même originairement à penser comme *séparation*, séparation d'avec soi de l'advenant qui forme la texture même du temps et qui en fait une suite de morts continuées, consommées, à soi-même – et par conséquent, aussi, de renaissances. C'est la mort propre qui serait à penser à partir d'un

44. Nous ne guérissons pas d'un deuil, tout au plus y survivons-nous. Nous survivons à un deuil en tant que nous le faisons nôtre. La psychiatrie phénoménologique décrit, à l'inverse, ces possibilités de l'aventure humaine où le mélancolique, incapable de souffrir, dépossédé de sa tristesse, est hanté littéralement par un deuil qui n'est pas le sien : « Le mal du mélancolique consiste précisément à "ne pouvoir être triste" (W. Schulte). Le mélancolique ne peut souffrir que sous l'obsession d'un deuil qui ne lui est pas propre » (H. Tellenbach, *La Mélancolie*, PUF, 1979, p. 51). Mais, survivre au deuil – « survie » qui est une vraie « vie », qui n'est pas la vie en instance du condamné – ce n'est jamais abolir cette lacune du monde dans laquelle nous plonge la perte d'autrui, en y engloutissant nos compossibles. L'idée freudienne d'un « travail du deuil » à travers lequel, par le biais d'une introjection et d'une idéalisation, le moi se « sauverait » en désinvestissant l'« objet », l'idée d'un travail du négatif selon lequel cette lacune serait dès lors comblée, au moyen d'une sorte d'*Aufhebung* dialectique – apparaissent ici rigoureusement insuffisantes ; il n'y a jamais retour au *statu quo ante*. Car l'événement est précisément ce qui rend principiellement impossible un tel retour en arrière. C'est de l'événement même et de sa temporalité dont ne peut aucunement rendre compte une économie des pulsions.

deuil *originaire*, comme c'est déjà le cas dans le *Phédon*. La mort y est décrite, en effet, par Platon, essentiellement dans son rapport à la *philia* philosophique, c'est-à-dire revêt d'emblée – pour parler en termes modernes – une signification « intersubjective ». Mourir, c'est partir, c'est s'exiler, c'est se séparer (*khôrizein* : 67 *c*), c'est rompre la *philia*, l'attachement aux amis ; cette « séparation » (*khôrismos*), cet exode est bien un départ vers une autre communauté ou un autre « foyer » (*oikos* : 69*c*), vers ceux que Socrate désigne ironiquement – mais cette ironie n'est pas gratuite – comme de « bons maîtres et de bons compagnons » (69*e*) : les dieux. À ses amis philosophes qui s'irritent et s'inquiètent de ce que Socrate soit heureux de se séparer d'eux, le philosophe leur répond par une fable où la mort prend la figure d'une séparation relative, puisqu'elle nous fournit de nouveaux compagnons (*etairois* : 69*e*). Et il n'est pas fortuit que le prologue, si significatif pour chaque dialogue de Platon, mette en scène un départ, celui d'un navire quittant Athènes, chaque année, pour Délos, en vue d'accomplir un « pélerinage » à Apollon. C'est tout au long du *Phédon* que le mourir transitif, l'événement de la mort, le « mourir la mort » est pensé à partir d'un mourir intransitif, d'un *mourir à*... (soi-même et aux autres) qui forme l'essence intime du deuil, comme aussi de toute activité philosophique.

Il n'est pas sûr, à cet égard, que ce dialogue participe de ce que Françoise Dastur appelle les ou la « métaphysique de la mort » ; il n'est pas sûr non plus, comme on l'a souvent soutenu, qu'il aboutisse à un déni héroïque de la mort. Mais ce débat sur la métaphysique n'est pas clos, si bien qu'en y participant tous deux, avec elle, avec d'autres, et de loin, nous ne faisons que prolonger l'écho depuis longtemps assourdi de cette secousse sismique qu'un jour un « professeur » allemand, Martin Heidegger, a provoquée.

Claude Romano.

L'HÉRITAGE DE LÉON BRUNSCHVICG

La Connaissance philosophique
Essais sur l'œuvre de G.-G. Granger
Textes réunis par J. Proust et E. Schwartz

Paris, PUF, coll. « Sciences, Modernités, Philosophies »
1995, 355 p.

« L'idéalisme soutient que toute la métaphysique se réduit à la théorie de la connaissance. »
Observation de L. Brunschvicg à la séance du 2 juillet 1908, article « Idéalisme » du *Vocabulaire de la philosophie de Lalande.*

Le samedi 27 juillet 1945, la Société française de philosophie consacrait sa séance, la première réunion depuis 1939, à un hommage à Léon Brunschvicg, mort l'année précédente à Aix-les-Bains. Gaston Bachelard y présenta une communication qui résumait poétiquement les grands traits de l'épistémologie du philosophe, sous le titre « La philosophie scientifique de Léon Brunschvicg[1] ». C'est peu dire que Bachelard se sentait en harmonie avec le tableau de la « formation d'une conscience intellectuelle » s'éprouvant dans le progrès du savoir scientifique, tel que l'auteur de *L'Expérience humaine et la causalité physique* l'avait si magistralement[2] esquissé. Et sans doute voyait-il juste,

1. *Revue de métaphysique et de morale*, 50, 1945, p. 77-84.
2. Cet adverbe n'est pas une figure de style, tant est grande la vénération exprimée par plusieurs générations de philosophes à l'égard du Maître, maître à penser mais aussi maître à vivre. Il semble que là aussi soit reconnaissable une tradition française de transmission et de filiation. De quoi, sans doute, excuser l'insolence (non moins française au reste) du jeune Nizan dans *Les chiens de garde*...

comme on s'en rendra compte à seulement écouter le ton si proche des deux auteurs. Opposant à la philosophie traditionnelle, prise dans le carcan d'oppositions figées entre le rationnel à l'état pur et l'expérience brute, la philosophie scientifique de l'avenir, Brunschvicg écrit par exemple :

> Le savoir humain, celui qui est l'objet de l'expérience humaine, doit sa vérité à la connexion qui s'établit entre la rationalité et l'objectivité. On perd de vue le cours réel et l'existence même de ce savoir lorsqu'on se préoccupe de pousser hors de soi rationalité et objectivité, pour aboutir à isoler, et à opposer, la double entité d'une raison absolue et d'un objet absolu. Au contraire, la mission du philosophe sera de suivre, non seulement dans leur progrès indéfini, mais aussi dans leur intime solidarité, le double devenir de la rationalité et de l'objectivité, de prendre alors conscience de l'élan spirituel qui se révèle dans l'intelligence mathématique, transfluide plus encore que fluide, transintuitive plus encore qu'intuitive[3][...]

Comment ne pas entendre un écho de ces lignes dans les pages célèbres de l'Introduction au *Nouvel Esprit scientifique*, où sont introduites les notions promises à un grand avenir de « dualité » et de « polarisation épistémologique », ressorts dynamiques de la dialectique de la pensée scientifique ?

> Autant dire que pour la philosophie scientifique, il n'y a ni réalisme ni rationalisme absolus et qu'il ne faut pas partir d'une attitude philosophique générale pour juger la pensée scientifique. Tôt ou tard, c'est la pensée scientifique qui deviendra le thème fondamental de la polémique philosophique ; cette pensée conduira à substituer aux métaphysiques intuitives et immédiates les métaphysiques discursives objectivement rectifiées[4].
>
> [...] Pour le savant, l'Être n'est saisi en un bloc ni par l'expérience ni par la raison. Il faut donc que l'épistémologie rende compte de la synthèse plus ou moins mobile de la raison et de l'expérience[5]...

Mon intention n'est nullement ici de résumer la philosophie des sciences de Léon Brunschvicg, mais d'insister sur la permanence d'une tradition qu'on pourrait appeler « l'épistémologie à la française ». Passant par Cavaillès et Lautman, elle montre une continuité remarquable jusqu'à l'œuvre contemporaine de

---

3. L'*Expérience humaine et la causalité physique* (1922), chap. LVI : « Humanisme et Science », p. 599-596.
4. *Le Nouvel Esprit scientifique (1934), introduction, p. 2 de la 8e édition, 1963.*
5. *Ibid.*, p. 16.

G.-G. Granger[6]. Aisément reconnaissable à la présence d'une rhétorique suggestive (la rationalité plutôt que la raison, l'objectivité plutôt que l'objet, le privilège de l'opération sur la substance, le dynamisme du progrès rationnel où « l'élargissement prodigieux » va de pair avec la « fécondité inattendue », jusqu'aux thèmes de la constitution réalisante[7]), elle exerce une séduction intellectuelle difficilement contestable. C'est aussi qu'elle est capable de thématiser, – c'est là, à mon sens, ce qu'apporte de vraiment nouveau, à l'intérieur de cette tradition, l'œuvre de Granger –, et par là de justifier, le jeu de ces concepts, tirés de la tradition philosophique mais affranchis de leur rigidité au contact de la complexité contemporaine, et comme assouplis par la gymnastique du travail scientifique revécu de l'intérieur. Leur statut tout particulier rend leur caractère flou à la fois inévitable et fécond, ce caractère *signe* pour ainsi dire leur appartenance au champ philosophique. Mais cette philosophie, ainsi absorbée dans ce qu'on pourrait appeler une théorie de la connaissance généralisée, est une forme moderne d'idéalisme. L'épistémologie à la française, *stade suprême de l'idéalisme*... telle est la thèse que je voudrais soutenir. Je m'empresse d'ajouter que le terme « idéalisme » n'a à mes yeux rien d'intrinsèquement infâmant. Le point est seulement qu'ainsi comprise, cette philosophie est en opposition irréductible avec le « paradigme » fondateur de la philosophie analytique, au sens noble et prégnant que nous ont légué Frege, Russell, ou Carnap. Et qu'il ne sert à rien d'occulter les différences, qui sont, dirais-je volontiers, de *respiration philosophique*[8].

Il est bien sûr difficile de résumer la pensée riche et subtile de Léon Brunschvicg. Par commodité, j'emprunterai à la communication de Gaston Bachelard que j'évoquais plus haut sa

6. L'influence de Brunschvicg sur Cavaillès est soulignée par Hourya Sinaceur, dans son beau livre sur Cavaillès (*Jean Cavaillès, Philosophie mathématique*, PUF, 1994). « La méthode de Cavaillès et de Brunschvicg est historique, écrit-elle ainsi, quand celle de Russell et de Couturat consistait à montrer le lien structurel entre mathématiques et logique » (p. 11). Naturellement, il ne s'agit pas simplement de méthode, mais de deux déterminations du centre de gravité de la philosophie. Quant au lien entre Cavaillès et Granger, Hourya Sinaceur écrit fortement : « Des pages absolument lumineuses [...] montrent combien profondément la pensée de Granger s'enracine dans celle de Cavaillès et jusqu'où elle la prolonge » (« Formes et concepts », in *La Connaissance philosophique, op. cit.*.

7. « La science suscite un monde », écrit Bachelard dans l'Introduction au *Nouvel Esprit scientifique* ; « l'univers devient le monde de la science », écrivait déjà L. Brunschvicg en conclusion de l'*Expérience humaine et la causalité physique*.

8. C'est bien ainsi que Russell évoquait son abandon de l'idéalisme : *on respire* à l'air libre en pensant que l'herbe est verte, et le ciel bleu...

présentation des thèmes fondamentaux de cette pensée. Puis je dirai quelques mots de l'idéalisme explicite qui me semble être la matrice de cette tradition épistémologique.

1. Il y a, dans l'histoire des sciences, des « événements de la raison ». Comme le dit Bachelard :

> Le lecteur qui voudra méditer chapitre par chapitre le grand livre des *Étapes de la philosophie mathématique* aura tout de suite l'impression d'une finesse de détection pour les progrès de la pensée scientifique. Il sentira que Léon Brunschvicg détermine vraiment les événements de la raison[9].

Négativement, il s'agit ici de récuser l'image fausse d'un rationalisme qui fixerait à la raison des cadres fixes et immuables. L'idéalisme critique dépasse la conception encore « schématique et statique » de Kant, qui ayant défini la connaissance comme « rapport réciproque entre la raison et l'expérience », conçoit encore ces rapports comme l'opposition d'une forme définissable *a priori* et d'une matière « objet d'une représentation indépendante » : cette mise en mouvement de la forme et du contenu devenant « solidarité nécessaire de l'expression abstraite et de la signification concrète[10] » est essentielle à la dialectique immanente au progrès scientifique. Le « perpétuel devenir de leur solidarité » nous invite donc à remplacer la conception d'une raison transcendante au devenir par celle d'une raison « qui serait conçue simplement comme activité immanente au cours de l'investigation scientifique, et que nous appellerons, afin d'éviter toute confusion, *rationalité*[11] ». Par exemple :

> Ce qu'il y a de déconcertant pour le profane dans la physique du XXe siècle, et de réellement merveilleux, c'est qu'elle ne se développe nullement par les conséquences en quelque sorte automatiques de principes fixés d'une façon définitive, comme s'ils étaient inscrits dans les articles d'un traité perpétuel entre l'esprit de l'homme et la nature des choses[12].

L'*a priori*, le transcendantal même ont une histoire, qui parce qu'imprévisible, n'est saisissable que dans l'après-coup de la mutation intellectuelle, de la rectification, de la rupture. De ce

9. *Revue de métaphysique et de morale*, 50, 1945, p. 77.
10. L'*Expérience humaine*..., chap. LVI, p. 608.
11. *Ibid.*, p. 600.
12. *Ibid.*, Avant-Propos, p. IX.

paradoxe inaugural, – mais ce n'est que le premier d'une longue suite, tant il est vrai que l'épistémologie française est une véritable philosophie de l'oxymore –, découle qu'il faut « pousser la connaissance de l'histoire jusqu'à son rendement maximum » si l'on veut « non pas savoir comment est faite la nature des choses, mais dire comment est fait l'*esprit de l'homme*[13] ». Avec l'histoire et l'événement, c'est la « démarcation », le « hiatus », la « rupture », qui deviennent les objets privilégiés de l'épistémologue, dans la mesure où c'est dans ces moments féconds que la rationalité prend son envol. Telle apparaît par exemple l'expérience mathématique, « non plus circonscrite, mais inscrite, au coeur de la pensée », moment du négatif, de la résistance, de l'objectivité :

> Ainsi, pour le mathématicien, l'expérience ne se réduit pas à son aspect primitif, à l'appréhension, par exemple, de contours irréguliers relativement auxquels l'idéalité géométrique ne serait elle-même qu'un schème, qu'un à peu près. C'est une fois franchi le seuil de la science exacte, et grâce à l'exactitude même des méthodes employées, que des ruptures se sont produites. Dans le calcul de l'hypothénuse du triangle rectangle, dans l'étude des équations algébriques, se sont manifestées des points d'arrêt brusque, qui au premier abord semblaient marquer un échec définitif, une limite infranchissable. L'irrationnel, le négatif, l'imaginaire, ont éclaté tout d'un coup à l'esprit. Pour ceux-là mêmes qui les premiers les ont découverts, ou plutôt s'y sont heurtés, c'étaient l'absurde, le contradictoire, l'impossible. Seulement ce n'était là que les premiers effets du choc. Grâce à un mouvement ultérieur de la pensée, les points d'arrêt sont devenus des points de réflexion, d'où l'esprit est parvenu à créer des notions nouvelles qui ont été à l'origine de nouvelles déductions. À la raison intuitive s'est substituée la rationalité du circuit[14].

Pour éviter tout malentendu, précisons tout de suite que cet accent mis sur la discontinuité, cette sensibilité aux ruptures (contre un Meyerson, mais aussi un Duhem) peut trouver aisément ses justifications dans l'histoire simplement descriptive des sciences : combien de fois ce qui était paradoxe ou impossibilité, ce qui « répugne à la nature » d'une notion, suivant la formule de Saccheri, apparaît-il paisiblement assumé, inscrit dans une conscience de liberté, dès la génération d'après. Mais l'argument contre l'usage de l'idée de coupure épistémologique n'est pas qu'on ne puisse trouver de telles mutations, mais plutôt qu'il y

---

13. *Ibid.*, Avant-Propos, p .XI et XIII.
14. *Ibid.*, p. 605.

en a trop, à chaque instant, dans le tissu concret des œuvres scientifiques s'appuyant les unes sur les autres, s'enchaînant les unes *contre* les autres. Et que seul un *a priori* discontinuiste peut faire tendre à privilégier la distance et l'opposition sur la continuité, qu'elle soit de problème, de thème, ou de sens, entre la connaissance commune et le savoir organisé, comme au sein même du progrès scientifique. Des valeurs spirituelles sont investies, chez Brunschvicg comme chez Bachelard, dans la conversion intellectuelle que suppose la vérité scientifique[15]. Il me semble qu'une sobre philosophie des sciences devrait faire preuve de plus de prudence face à l'idée d'une valeur éthique immanente au progrès du savoir scientifique. Si des valeurs sont investies, comme le suggère Putnam, dans la recherche de la vérité et de l'acceptabilité rationnelle, elles me paraissent plutôt d'ordre social et communautaire que d'ordre intime, personnel ou spirituel. Je doute qu'une Réforme de l'entendement soit à attendre des rectifications qui sont le lot naturel de la pensée au travail.

2. Seules des catégories « dialectiques » peuvent rendre intelligible la connaissance ; l'épistémologie sera dialectique ou ne sera pas. Comme le dit Bachelard dans le texte que nous suivons :

> C'est au centre même de la dialectique de l'information expérimentale et de l'information rationnelle qu'est placé le rationalisme brunschvicgien[16].

Les représentations dialectiques sont d'ordinaire plutôt floues ; il semble cependant qu'on puisse ranger sous ce titre un certain nombre de thèmes étroitement associés. En voici quatre, relativement bien attestés sous la plume de Léon Brunschvicg, et sans prétendre à l'exhaustivité.

- Le conflit, par exemple le conflit de l'image et de la notion abstraite, du modèle concret et sensible qui a servi de point de départ, et de l'équation, de la fonction, du concept purifié. C'est qu'en effet le mathématicien au travail retrouve, sous formes de blocages ou d'affranchissements, d'expériences intellectuelles, les pôles dont la philosophie a fait les personnages de sa

---

15. Sans parler des valeurs politiques qu'une étrange mode marxiste a prétendu y loger durant quelques années.

16. *Revue de métaphysique et de morale*, 50, p. 81.

polémique : raison et expérience, rationalisme et positivisme, etc. À propos de la pensée du continu par opposition à « l'atomisme arithmétique », Brunschvicg écrit par exemple ceci :

> Le conflit de l'activité mathématique et de la représentation matérielle s'est effectivement produit dès la découverte des irrationnelles ; il a laissé sa trace dans les paradoxes de Zénon d'Élée. Or ce qui s'embarasse dans ces paradoxes de Zénon d'Élée, ce n'est pas l'intelligence proprement dite, c'est ce qui en serait, suivant nous, le contraire, c'est l'imagination représentative qui cherche à voir une chose là où il est question de voir un rapport[17].

- La dépendance mutuelle, la relativité l'un à l'autre de deux termes que le réalisme dogmatique, qu'il soit de la raison et de la chose, opposerait comme deux entités indépendantes. À propos de la « dualité du mesurant et du mesuré », Brunschvicg tire par exemple ainsi la leçon d'Einstein :

> Entre le procédé formel de la mesure et l'objectivité expérimentale de la chose mesurée, s'établit désormais une solidarité d'ordre tellement intime et intellectuel que nous ne saurions achever la représentation de l'un des termes isolés. Nous ne savons pas, comme l'eût exigé la position des absolus newtoniens, mettre la main sur quelque chose qui serait à mesurer, avant de l'avoir mesuré. Nous nous refusons également à nous faire une idée claire d'une mesure qui se définirait *a priori*, se mesurant en quelque sorte elle-même, sans adaptation à ce qui doit être mesuré[18].

Au-delà de la relativité, c'est vers le « relativisme critique » que doit se tourner, sous la contrainte du progrès des sciences physiques, la réflexion, au sens kantien du jugement réfléchissant, sur la science. Relativisme dont la formule générale pourrait être, conformément à la marche des idées physiques : accentuer « la relativité des fonctions en présence, qui ne se comprennent qu'à l'aide de leur réciprocité[19] ».

- La fonction réalisante de l'abstraction et de la généralisation, leçon éminente des axiomatiques abstraites, qui ouvrent à de nouveaux types d'objets ou d'objectivités, corrélats d'une opération, liés à une invariance sous une transformation, etc. Le formel antérieur, en mathématiques, est le contenu de demain.

---

17. *L'Expérience humaine...*, p. 592.
18. *Ibid.*, p. 555.
19. *Ibid.*, p. 556.

Opposant « l'âge d'or » des mathématiques tel que Cournot en rêve encore, à l'âge de Poincaré, Brunschvicg évoque :

> Ces mathématiques de la rationalité, [qui] ne présupposent pas, avant la mise en train des opérations, une position dogmatique des notions considérées en tant que notions. Ce sur quoi l'on va opérer ne va pas être défini pour soi-même [...]. L'on ne se préoccupera que d'introduire les relations initiales qui vont servir à opérer, et c'est ainsi que l'on constituera les théories des nombres imaginaires ou des groupes de transformations, les calculs des probabilités, des vecteurs, des tenseurs[20].

Thème d'élection de Cavaillès dans l'analyse de l'activité de thématisation, cette fonction réalisante des mathématiques, avant même la création d'une « *antiphysis* » dans la technique expérimentale et industrielle, met l'ontologie sous la dépendance de l'épistémologie. Ici la dialectique apparaît sous les espèces de la création, de la production, voire du travail.

- L'unité dans la tension des contraires, ou l'équilibre mobile et dynamique des forces à l'œuvre dans la pensée scientifique. Ainsi la théorie configure et coordonne l'expérience, qui de son côté n'est faite que pour des lectures pénétrées de théories, etc. Ce que l'épistémologue doit penser, c'est donc :

> Une science qui n'est autre chose qu'un va et vient entre une raison et une expérience également inépuisables, un système de chiffres ne se référant à aucune intuition préalable, ne conduisant à aucune représentation directe, mais impliquant, dans la solidarité nécessaire de l'expression abstraite et de la signification concrète, la connexion de l'intelligible et du réel[21].

La signification émotive, ou musicale, de ces catégories épistémologiques est évidemment intense ; elles permettent éventuellement, de plus, de lancer des ponts vers d'autres aspects de la *praxis* humaine, d'insérer le moment théorique dans une totalisation de l'expérience humaine, où des thèmes prométhéens ne tardent pas à se faire jour. Mais qu'en est-il de leur signification cognitive ? Ce qui ne laisse pas d'inquiéter le lecteur soucieux d'établir l'épistémologie dans ses droits (et donc dans ses devoirs), c'est l'origine et le statut de ces représentations dialectiques. Dira-t-on qu'elles s'imposent comme autant de catégories

---

20. *Ibid.*, p. 603.
21. *Ibid.*, p. 608.

essentiellement descriptives, tirées des faits eux-mêmes du progrès scientifique, suggérées irrésistiblement par la lecture des œuvres, ouvrages et mémoires où la pensée a consigné ses efforts, ses échecs, mais aussi ses reprises et ses conquêtes ? Un tel empirisme, appliqué au phénomène de la connaissance dans son déploiement historique, serait en contradiction ouverte avec la philosophie de la connaissance que cette épistémologie se propose justement d'instaurer. Car la thèse essentielle de cette philosophie est bien l'intime solidarité du connu et de la connaissance, l'idée que les actes du connaître pénètrent et constituent de quelque façon l'objet connu en tant qu'objectivité. Pourtant une telle tentation de s'en remettre à l'histoire des faits n'est pas absente de l'œuvre de Léon Brunschvicg. Ainsi dans *Les étapes de la philosophie mathématique*, les échecs répétés de la philosophie à résoudre le problème de la vérité mathématique conduisent à l'idée que : *La base de la critique philosophique serait alors dans l'histoire de la pensée mathématique*[22] ».

La philosophie mathématique n'a-t-elle donc plus qu'à se tourner vers les événements de l'histoire pour (suivant la belle formule de Brunschvicg) « les enregistrer comme les marques positives de l'objectivité[23] » ? Il est en fait douteux qu'il s'agisse ici de simplement *enregistrer*. Mais alors, qu'il s'agisse de l'élan de l'intelligence se réformant indéfiniment elle-même, ou de l'enchaînement des contenus et du devenir conceptuel, d'où nous viennent ces cadres de langages qui semblent s'offrir spontanément à l'épistémologue ? La philosophie peut bien s'en remettre à l'histoire de dire ce qu'est la connaissance, mais c'est d'histoire réfléchie, ou réfléchissante, qu'il s'agit. Et l'on aimerait bien en savoir plus sur les instruments de la réflexion. Bref, pour le dire de façon quelque peu provocante, il nous manque ici une syntaxe logique de la réflexion historique.

3. L'identification de la *vérité* à la conquête historique de l'*objectivité*, qui caractérise l'idéalisme critique, a pour conséquence que la philosophie sous-jacente à cette épistémologie, si l'on prend les mots au sérieux, est explicitement idéaliste.

22. *Les Étapes de la philosophie mathématique*, Alcan, 1912, Introduction, p. VI. Toute l'introduction est consacrée à justifier le programme consistant à résoudre l'aporie de la valeur de vérité des mathématiques par l'appel au mouvement même de l'histoire des mathématiques. Thème qu'on retrouve *in fine*, non sans que Brunschvicg s'inquiète de la possibilité d'entendre comme un écho de scepticisme dans ce qu'on pourrait lire comme une démission de la philosophie.
23. *Ibid.*, p. 463.

Comme le dit Léon Brunschvicg dans les dernières pages de L'*Expérience humaine et la causalité physique*, le *moi* et le *non-moi*, les formes du connaître et le monde en tant que connu, émergent solidairement au cours d'un processus de constitution réciproque de sorte que les relations cognitives affectent *essentiellement* les termes de la relation. Si la théorie de la connaissance mène ainsi à l'idéalisme, cet idéalisme en retour assure le primat de l'épistémologie en philosophie, voire l'absorption pure et simple de la philosophie dans la théorie de la connaissance, puisque la seule « réalité » qui demeure au terme de l'enquête historique est le phénomène même de la connaissance, dans lequel ont été dissous les pôles du sujet et de l'objet que le sens commun mettait face à face. Le réalisme est un préjugé naïf, grossier, et pour tout dire une faute de goût.

Il n'est donc pas étonnant que la première rencontre entre la tradition française et la philosophie analytique[24] ait été marquée par une atmosphère d'opposition déclarée, et, du côté de Léon Brunschvicg, légèrement condescendante. Quelle régression de la pensée dans « l'ontologisme d'Aristote » de la part de la logistique de Russell ! À tout le moins, reconnaissons que le diagnostic était meilleur que bien d'autres qui allaient suivre, où l'accusation de « formalisme » allait permettre des économies considérables de pensée.

Bien avant que Cavaillès et Lautman ne s'intéressent de très près aux travaux de l'École de Vienne[25], Léon Brunschvicg a consacré tout le Livre VI des *Étapes de la philosophie mathématique* à une réfutation en règle du «réalisme logiciste ». Si l'on peut dire aujourd'hui que le sens de la théorie des types logiques et du travail sur les paradoxes lui a totalement échappé, il a cependant reconnu, au coeur de la philosophie des

24. Je fais un usage relativement large de ce terme, mais pas au point d'identifier la tradition analytique avec la simple pratique de l'argumentation discursive. Disons simplement ici, avec le premier Dummett, que la philosophie analytique se caractérise par l'idée de la prééminence de la *logique* en philosophie, qu'on l'entende comme ontologie, théorie de la signification, ou philosophie du langage. Cette caractérisation sommaire est suffisante ici, dans la mesure où les diverses tendances philosophiques qui peuvent s'abriter dans cette maison commune ne dissolvent pas tout en connaissance. Je soutiendrais même volontiers qu'un certain Husserl, antérieur à l'inflexion transcendantale, peut figurer ici moyennant quelques attendus.

25. Paru dans la *Revue de métaphysique et de morale*, 42 (1935), le compte rendu de Cavaillès « L'École de Vienne au congrès de Prague » manifeste une compréhension remarquablement profonde, non seulement des thèses essentielles du *Tractatus*, mais aussi de celles de *Logische Syntax der Sprache*.

mathématiques qu'il combat, l'attitude fondamentale d'un réalisme général pour lequel la connaissance, qu'elle soit contact direct avec l'extériorité de l'en-soi, ou construction de fictions logiques commodes ou fécondes, ne dote pas ses corrélats d'une *existence constituée*, ne réalise pas ses objets. Face à des déclarations comme celles-ci : « La logique et les mathématiques nous contraignent à admettre un genre de réalisme au sens scolastique du terme[26] », Brunschvicg s'étonne : il a visiblement quelque mal à admettre qu'on puisse encore prendre à la lettre l'affirmation d'un *kosmos noètos*[27]. Mais il cherche aussi à comprendre comment une telle naïveté a pu renaître, et finalement, tirant parti de remarques de Russell lui-même, il interprète le retour du réalisme comme la *maladie infantile* de la nouvelle pensée mathématique. Russell a soutenu, dans les *Principles* par exemple, que la faiblesse de l'appareil conceptuel des mathématiques était l'un des principaux responsables de l'idéalisme : l'infini, le continu étant réputés contradictoires, tout ce qui en portait la marque a été tourné en apparence subjective. La maîtrise contemporaine de ces concepts nous délivre de cet argument : les ensembles infinis subsistent donc, les réalisations physiques du continu, l'espace, le temps, sont également logiquement possibles, etc. Diagnostic de Brunschvicg : les mauvais penchants, dès lors qu'on ne les bride plus, ressurgissent ! « Ainsi s'explique l'importance capitale que devait prendre la théorie des ensembles ; le réalisme, que des habitudes séculaires ont si profondément enraciné dans l'esprit humain, ressuscite de lui-même dès que la technique a pu lever l'obstacle à son développement[28] ».

Au risque de me faire accuser d'insensibilité philosophique, je ne peux m'empêcher de lire dans les problématiques de la constitution et de la thématisation, aussi fascinantes soient-elles, un nouveau langage pour l'idéalisme moderne. Je dirais volontiers, en effet, qu'il y a idéalisme dès qu'on admet un sens de l'existence selon lequel nos constructions font advenir de nouveaux objets ; selon lequel, pour reprendre l'expression de

26. Russell, « L'importance philosophique de la logistique », *Revue de métaphysique et de morale*, 19 (1911), p. 281-91. À cette époque, Russell a baptisé sa philosophie générale le « réalisme analytique ».
27. *Les Étapes de la philosophie mathématique*, p. 392.
28. *Ibid.*, p. 391.

Lautman, on peut authentiquement parler de « genèses mathématiques[29] ».

L'incertitude sur le statut et l'origine des catégories dialectiques à l'œuvre dans l'analyse épistémologique, que j'évoquais plus haut, rend délicate l'appréciation du degré de changement philosophique réellement effectué lorsqu'on passe d'un registre de vocabulaire à un autre. Quand on substitue, par exemple, à l'essor et à l'envol de l'intelligence qu'évoque volontiers Brunschvicg, des termes à la coloration plus « matérialiste » : la pratique scientifique, le *travail* par exemple. Il fut une époque, pas trop éloignée, où les philosophes marxistes expliquaient que rien n'était plus opposé au mythe « idéaliste » de la *création*, que le thème « matérialiste » de la *production*, catégorie trans-régionale censée permettre de penser la totalité de l'expérience humaine. On est en droit d'en douter, d'autant que les bénéfices émotionnels d'une telle unification rapide de l'« expérience humaine » paraissent considérables : l'unité conceptuelle des travailleurs manuels et des travailleurs intellectuels ainsi fondée à si bon compte suffirait à jeter le doute sur la validité philosophique d'une catégorie si désirable ! Que faut-il donc penser d'affirmations comme celle-ci :

> Le travail du mathématicien n'est en aucune façon comparable à une ascèse rendant possible le dévoilement progressif d'une vérité. Il construit des formes au sein d'une expérience, comme l'a très exactement exprimé Jean Cavaillès [...] On ne saurait ainsi concevoir des structures préexistant on ne sait comment au travail mathématique[30].

Il me semble qu'on peut y lire, confortée par une longue tradition d'évidence, la réactualisation de la thèse idéaliste sous-jacente à l'épistémologie française.

Mais sous-jacente en quel sens ? Car, et là les choses se compliquent, la détermination de la philosophie que propose Gilles-Gaston Granger semble exclure la possibilité de voir là à

29. « Essai sur les notions de structure et d'existence en mathématique », in *Essai sur l'unité des mathématiques*, coll. 10/18 (1977), p. 104-105 par exemple. Insensibilité d'autant plus grande qu'il y a d'évidence des inflexions notables quand on passe de Brunschvicg à Cavaillès, et même entre Cavaillès et Lautman. L'analyse proposée ici repose en dernière instance sur l'idée qu'il y a derrière ces différences d'accent une thèse ontologique essentiellement identique, – même lorsqu'on récuse le vocabulaire de l'ontologie.

30. Gilles-Gaston Granger, *Essai d'une philosophie du style*, Armand Colin, 1968, p. 102-103.

proprement parler une *thèse*, c'est-à-dire une proposition en principe douée de valeur de vérité, et susceptible, à défaut d'une confirmation expérimentale, d'une justification rationnelle. Le bénéfice immédiat de cette soustraction des énoncés philosophiques du régime ordinaire du langage (« son royaume, dit Granger de la philosophie, n'est pas de ce monde[31] ») est évidemment de faire apparaître comme réductrice toute tentative pour réassujettir ce type d'énonciations à l'herméneutique habituelle de la portée cognitive et de la validité conceptuelle. En imputant à l'épistémologie de Granger une prise de position fondamentale sur les rapports de la connaissance et de l'être, ne sommes nous pas à nouveau victime de l'illusion commune aux philosophies du passé, de « leur apparence de représentation synthétique d'un monde de faits », là où il ne faudrait voir « que l'expression métaphorique d'une intention plus cachée[32] » ?

L'un des grands mérites, me semble-t-il, de *Pour la connaissance philosophique*, est de porter justement le débat sur ce terrain : quel est le statut de ces concepts philosophiques qui permettent de tisser le réseau des catégories dans lesquelles on pensera, en particulier, le progrès de l'histoire des sciences ? *Dualité, corrélation* de l'opération et de l'objet, travail de la *forme et du contenu*, etc. Nous avons relevé plus haut qu'un motif d'inquiétude considérable concernant le langage de l'épistémologie française, tenait à l'origine et à la justification de ces représentations dialectiques. Enrichie par la fréquentation assidue de la philosophie analytique, et alertée par le mot d'ordre : prenez soin de votre langage!, la réflexion de Granger à ceci de nouveau, dans la tradition épistémologique française, de poser ouvertement le problème. Si la « richesse » est un critère de validité en philosophie[33], alors de ce point de vue la philosophie de Granger est incontestablement à la mesure de notre expérience contemporaine du monde, où la sensibilité au langage est omni-présente.

Contrevenons au principe de charité, et prenons le risque de paraître « réducteurs ». On y vérifiera tout d'abord la permanence, sous des formes certes réactualisées, des partis-pris et des thèmes fondateurs que nous avons vu émerger dans l'oeuvre

---

31. *Pour la connaissance philosophique*, Éd. Odile Jacob, 1988, p. 20.
32. *Ibid.*, p. 14.
33. Ce thème est abordé à plusieurs reprises dans l'ouvrage, par exemple p. 260.

de Léon Brunschvicg, et dont nous tenons qu'ils définissent la tradition française. Primat de l'analyse des formes du connaître dans la philosophie : le projet de caractérisation *unitaire* de la philosophie en tant que mode spécifique de connaissance passe par une épistémologie comparative qui *accomplit* déjà en un certain sens le programme assigné en *essence* à la philosophie, d'opérer une totalisation signifiante des dimensions de l'« expérience humaine ». En effet cette expérience a déjà accédé à l'expression symbolique[34], et parmi les formes typiques d'expression se trouve la forme scientifique du connaître. Distinguer et opposer la connaissance philosophique, assigner les formes et le projet de la connaissance scientifique, c'est déjà mettre en place le réseau conceptuel qui permettra de penser la science comme un certain mode d'articulation du vécu, en travailler la signification, effectuer donc la philosophie en tant que « tentative pour proposer une organisation d'ensemble du vécu qui donne signification aux expériences individuées et finies[35] ». Sur cette voie, l'épistémologie, serait-elle comparative (ce qui la met à l'abri de la tentation positiviste de simplement redoubler le langage de la science), risque fort d'épuiser purement et simplement le contenu de la philosophie. À la formule de Brunschvicg que je citais plus haut, « dire comment est fait l'*esprit de l'homme* », fait nettement écho cette déclaration préliminaire :

> Nous voulons donc aborder la question du savoir philosophique non pas dans l'esprit du métaphysicien, mais dans l'esprit de l'épistémologue. Ce ne sont que des formes de connaissance qu'il nous faudra comparer, mais, si l'on peut espérer par là parvenir à quelques propositions allant au-delà des apparences et susceptibles de donner un sens à cette diversité des savoirs, on s'estimera satisfait[36].

Si nous entrons plus avant dans le concret de l'analyse, la parenté des thèmes devient tout à fait saisissante. Pourquoi, par exemple, l'interprétation de la connaissance sensible par l'empirisme logique est-elle nécessairement inadéquate ? Parce qu'au

34. *Ibid.*, p. 177 et suivantes en particulier.

35. *Ibid.*, p. 258. Le concept de signification semble ici au plus proche de la notion ethnologique de la signification, selon laquelle le mythe, par exemple, est une organisation *signifiante* du vécu. Si je comprends bien, la philosophie se distingue de l'activité mythologique plus par ses moyens (le concept) que par sa fin.

36. *Ibid.*, p. 30.

donné supposé d'un contenu elle oppose et juxtapose une forme absolument vide, « tautologique » voire arbitraire, fixant ainsi et figeant les contraires là où il faudrait reconnaître les pôles solidaires d'un dynamisme immanent, « l'inséparable dualité d'une opération et d'un objet[37] » :

> Le point d'aboutissement extrême de cet aspect du mouvement empiriste nous est magistralement présenté par le Carnap de *Logische Syntax der Sprache* (1934). L'autonomie du logique y est certes clairement établie, et reconnue sa complémentarité avec l'empirie ; mais la subsistance qui lui est attribuée, de nature purement et strictement opératoire, est celle d'une organisation syntaxique qui ne saurait en aucune manière participer directement à la création des objets de connaissance[38].

Création des objets de connaissance, solidaire du mouvement par lequel accèdent « au rang de nouveaux objets mathématiques les *principes opératoires* des anciens calculs[39] » : qu'il suffise ici de renvoyer le lecteur au chapitre sur la rigueur mathématique, où les catégories de prédilection de Cavaillès, paradigme et thématisation, sont appliquées, éclaircies, *prises au sérieux*... À vrai dire, le seul « méta-concept » qui prenne une figure un peu précise (dans cette détermination de la philosophie selon laquelle ses concepts seraient de tels « méta-concepts », où nous avons reconnu le projet de thématiser les catégories applicables à l'épistémologie), concerne précisément cette corrélation bi-polaire, cette « magnétisation dans un champ de tension » suivant la métaphore de Bachelard, qui est bien l'intuition centrale de l'œuvre de Brunschvicg : « Dans cette perspective, le schème originaire de toute catégorie stricto sensu serait l'exploitation et la spécification d'une dualité originaire entre système d'opérations et systèmes d'objets, au sens le plus général, qui se codéterminent: catégorie primitive qui serait condition de toute pensée en concepts et même de tout langage[40] ».

Et alors, dira-t-on ? Si ces catégories sont susceptibles d'apporter un peu d'intelligibilité au progrès de la connaissance scientifique, elles sont les bienvenues ! Sans préjuger du problème général de leur statut et de leur valeur cognitive (qui est

37. *Ibid.*, p. 37.
38. *Ibid.*, p. 37.
39. *Ibid.*, p. 76.
40. *Ibid.*, p. 197.

lié à celui de la philosophie), on peut craindre cependant que leur utilisation immodérée ne soit génératrice d'interprétations arbitraires. Prenons un exemple très simple (si simple, je dois le reconnaître, qu'il en devient presque caricatural). Selon Granger, le *logique* pur peut être caractérisé par un certain mode de cette dualité, selon lequel l'objet est le strict corrélat d'opérations effectuables (le degré zéro du contenu formel) ; la logique des énoncés réalise ce degré zéro, au-delà la position d'objets (d'individus) fait sortir le calcul des prédicats de la sphère du logique à l'état pur. Cette caractérisation de la logique par les modalités diverses que peut revêtir le rapport forme/objet dans la notion de contenu formel serait validée par certaines propriétés des systèmes formels qui constituent des procédures d'énumération récursive des « vérités » ou « thèses » des différents champs : en particulier, la logique des énoncés est décidable, le calcul des prédicats ne l'est pas. Le problème est que cette analyse, où une propriété méta-systémique est censée confirmer la fécondité du concept de contenu formel, est plutôt arbitraire, voire trompeuse. D'une part, en toute rigueur, l'opposition décidabilité/indécidabilité *ne* passe *pas entre le calcul des énoncés et le calcul des prédicats, mais à l'intérieur* de celui-ci, à la frontière entre le calcul monadique (où ne figurent que des prédicats « unaires ») et le calcul des relations (prédicats « *n*-aires », pour $n > 1$). Et d'autre part, le calcul des énoncés semble si peu un lieu où l'opération détermine strictement l'objet qu'il nous laisse au contraire une marge considérable de liberté quant aux engagements ontologiques qu'il appelle[41]. En un autre lieu, Granger suggère que l'opposition entre « paradigme » et « thématisation » serait susceptible d'éclairer la différence entre logique du premier ordre et logique d'ordre supérieur[42] ; mais historiquement, le premier ordre comme tel a été isolé à titre de « calcul fonctionnel restreint » d'une logique fondée sur la considération de toutes les fonctions propositionnelles d'ordre (fini) quelconque. D'autre part, si l'on peut interpréter un langage formel du premier ordre (*via* la notion de « lettres schématiques ») sans faire appel à une ontologie de propriétés et de relations, la théorie sémantique proprement dite d'un tel langage exige d'une manière ou d'une autre une ontologie plus riche... Bref on peut craindre qu'à la complexité des

---

41. Voir sur ce point Quine, « Ontological Remarks on the Propositional Calculus », in *The Ways of Paradox and Other Essays*, Harvard UP, 1976, p. 265-71.
42. *Pour la connaissance philosophique*, p. 77.

situations théoriques où l'on se trouve très vite en logique mathématique, les concepts de contenu formel et de dualité ne substituent une nouvelle scolastisque, selon laquelle il s'agirait toujours de retrouver le même schématisme latent à l'oeuvre dans l'élaboration des théories.

Mais on rétorquera qu'en parlant de « scolastique », j'ai succombé à la tentation de voir dans cette philosophie de l'épistémologie un savoir positif. Ce que justement elle n'est pas, étant de la philosophie, c'est-à-dire une tentative pour articuler des significations selon une lecture possible de l'expérience, d'autres lectures étant également possibles, et parfois également valides. Si je prenais à la lettre cette position, je n'aurais plus qu'à avouer que cette lecture n'est pas la mienne, quitte à me reconnaître moins « riche », n'étant pas convaincu que la philosophie ait nécessairement vocation à embrasser la totalité de l'expérience. Mais comme je ne suis justement pas persuadé par la lecture de Granger que cette position soit la bonne, il faut un peu argumenter.

Il me semble que la conception de Granger peut se résumer en quelques « thèses » (*sit venia verbo*), qui au reste sont relativement indépendantes les unes des autres : premièrement, les concepts philosophiques sont des « méta-concepts » (ainsi des catégories de la dialectique opérantes en épistémologie) ; deuxièmement, une caractérisation unitaire de la philosophie est possible, et qui plus est désirable ; troisièmement, les énoncés philosophiques ne sont pas soumis aux évaluations aléthiques ordinaires. La première thèse en elle-même n'a guère de sens, tant qu'on n'a pas caractérisé la nature, la portée, et la fonction du métalangage qui véhicule ces concepts. Il est assez clair que Granger ne veut pas du tout caractériser la philosophie comme un ensemble de considérations métathéoriques, au sens où Carnap pouvait se satisfaire de cette détermination, qu'il a effectivement proposée[43]. Certes « en un sens une philosophie n'est rien d'autre qu'un langage[44] », mais Granger se refuserait certainement à endosser les conséquences qu'en tirait Carnap, et qui seules sans doute permettraient de concilier l'idée d'une portée cognitive de la philosophie et le refus de la soumettre à l'idéal de vérité : les énoncés philosophiques sont pour l'essentiel des prescriptions concernant le cadre de langage qu'on désire choisir, et

43. Dans le volume de Schilpp, *The Philosophy of Rudof Carnap*, 1964.
44. *Pour la connaissance philosophique*, p. 195.

des considérations concernant ces prescriptions[45]. C'est au point qu'on peut légitimement s'interroger sur les raisons de ce refus, qui, pour n'être pas explicité, n'en apparaît pas moins comme tout à fait profond.

J'y verrais pour ma part au moins deux motifs. Le premier, c'est que la conception de Carnap semble tolérer une paisible indifférence à l'absence de définition *unitaire* de la philosophie. Comme le fait remarquer Carnap à maintes reprises, l'idée que la philosophie est *pour l'essentiel* faite de prescriptions, ou mieux de propositions d'adopter tel ou tel cadre linguistique, n'exclut nullement (au contraire) qu'il y ait place pour des considérations factuelles en philosophie : la commodité, la fécondité, la supériorité de tel cadre relativement à des fins, ce sont là des questions parfaitement objectives, susceptibles de donner lieu à des énoncés assertifs, et comme tels évaluables du point de vue de leur vérité, de leur vraisemblance, etc.[46]. Au reste, rien ne dit que seules ces questions externes méritent le titre de « philosophie », et Carnap est sans doute sur ce point l'héritier de Russell, disposé à parler de « philosophie » à propos de tout domaine d'objet pour autant que la recherche y soit encore balbutiante[47]. De ce point de vue, la recherche d'une définition *essentielle* de la philosophie a quelque chose d'obsessionnel ou de frivole, et la vision de ce qui se fait aujourd'hui sous le nom de « philosophie », dans son extrême variété, devrait plutôt nous vacciner contre le projet de dire ce qui est philosophique et ce qui ne l'est pas. Mais si le conventionnalisme syntaxique de Carnap (syntaxique en un sens très général, disons : « qui concerne des formes de langage ») ouvre ainsi la porte à un retour du « factuel », c'est-à-dire au fond d'énoncés aléthiquement évaluables, en philosophie, alors on conçoit que Granger refuse cette position nette. Sans doute y verrait-il à nouveau une confusion des genres ou des *styles, la retombée de la philosophie dans l'élément théorique.*

Mais il y a une raison sans doute plus profonde. C'est en effet un trait constant de la pensée de Carnap d'associer conventionnalisme et empirisme, de tenter de montrer qu'une fois choisi un certain cadre de référence, les questions formulables dans ce

45. Je suis ici en complet accord avec Claude Panaccio ; voir « Philosophie et Vérité », in *La connaissance philosophique, op. cit.*

46. « Les questions concernant ces propriétés (de fécondité, etc.) sont bien de nature théorique », dit Carnap dans l'article « Empiricism, Semantics, and Ontology » (1950).

47. Voir par exemple le dernier chapitre des *Problems of Philosophy.*

cadre ont une portée théorique, et dans certains cas, empirique, indiscutable[48]. Carnap a peut-être tort, mais sa position montre qu'une interprétation strictement conventionnaliste de la philosophie n'immunise pas nécessairement celle-ci contre tout élément empirique, et ne suffirait nullement à la mettre tout à fait à l'écart du régime ordinaire de la connaissance scientifique. En bref, ce point de vue n'est pas une forteresse inexpugnable, « d'où nulle forme de néopositivisme ne saurait déloger la philosophie[49] ». Et si Granger combat une tentation de la philosophie, c'est bien toute forme de néopositivisme !

Ce qui, derechef, nous renvoie à l'opposition de l'épistémologie française et de la philosophie analytique, de l'idéalisme explicite ou latent de la première au réalisme de la seconde. Car s'il est une constante de la philosophie analytique, du réalisme logistique au positivisme viennois, du platonisme de Frege à l'épistémologie naturalisée, c'est bien l'incrédulité devant l'idée que nos constructions mentales ou linguistiques pourraient doter leurs « objets » d'une réalité *plus que mentale*, s'ils ne possèdent déjà quelque degré de réalité. Ou bien l'être est déjà là, aussi limitée qu'en soit la sphère (éventuellement réduite à des taches d'encre physiques sur une feuille de papier, dans une version extrême), ou bien on neutralise la question en la réputant, d'une certaine façon, dénuée de sens : *Tertium non datur*.

Je ne prétends évidemment pas qu'on puisse prouver la fausseté de l'idéalisme. Je pense seulement qu'il y a de bonnes raisons de n'en point partager la doctrine. Comme le disait Russell :

> La méthode analytique, bien qu'elle soit incapable de parvenir à un résultat démonstratif, est cependant capable de montrer que toutes les raisons positives en faveur d'une certaine théorie sont illusoires, et qu'une théorie moins non-naturelle est capable de rendre compte des faits[50].

François Rivenc.

---

48. Voir par exemple la préface de Carnap à l'édition anglaise (1957) de *Philosophie der Raum-Zeit-Lehre*, de Hans Reichenbach ; le mérite principal de Reichenbach, selon Carnap, est de montrer qu'en géométrie, une fois choisies les règles de mesure de longueur, la question de la structure de l'espace devient une question empirique. Ce point est spécialement abordé par Reichenbach au § 8 du Chapitre I.

49. G. Lebrun, « De la spécificité de la connaissance philosophique », in *La connaissance philosophique, op. cit.*, p. 23.

50. « On Scientific method in Philosophy », in *Mysticism and Logic* (1917), p. 91 de l'édition de 1976, Allen & Unwin.

SARTRE ET MOI

Jean-Paul Sartre
Carnets de la drôle de guerre
septembre 1939-mars 1940
Nouvelle édition
augmentée d'un carnet inédit
Texte établi et annoté
par Arlette Elkaïm-Sartre

Paris, Gallimard
1995, 680 p.

C'est bien lui, je le reconnais tout à fait, me disait en 1983 Raymond Aron à l'occasion de la publication des *Carnets de la drôle de guerre* dont Arlette Elkaïm-Sartre présente aujourd'hui une édition complétée. Trois ans auparavant, Raymond Aron avait exprimé ses doutes à propos des entretiens avec Bennj Lévy, insinuant que ce Sartre-là ne serait pas entré en conflit avec lui : ce ne pouvait donc être le bon, ou le vrai... Dans ces *Carnets* remontant au temps de leur amitié, il avait eu plaisir, je pense, à découvrir l'écho de ses propres réflexions sur les équivoques de l'histoire, sans être trop contrarié par un aveu qui ne lui apprenait rien : « Je préfère parler avec une femme des plus petites choses que de philosophie avec Aron. » Le Sartre de 1939, avec une sévérité sur laquelle il nous fera revenir, fait allusion à un poème de jeunesse dans lequel il parlait en petit garçon qui ne veut pas grandir... Pylade, en 1980, l'avait fait publier par sa revue *Commentaire* : « Dans un des cahiers que l'École normale supérieure mettait à notre disposition, il y a une soixantaine d'années, j'ai retrouvé, écrit sur le papier jaune, un poème que Jean-Paul Sartre m'avait donné... »

Délibérément (j'allais écrire désespérément) amical, mais aussi ayant à cœur d'être impartial, d'évaluer aussi justement que possible la réalité, Raymond Aron, si attristé qu'il fût par ses excès, ses dérapages, ses emportements, reconnaissait en son « petit camarade » cette vertu jaillissante qu'on appelle le génie.

Or, jamais mieux que dans ces carnets écrits au fil de la plume pour tromper l'ennui de la vie de garnison on ne voit la pensée de Sartre *se faisant*. La nature au printemps ne compte pas ses pâquerettes, disait Jankélévitch. Sartre à la caserne donne une pareille impression de fécondité ou de prodigalité, semant à tout vent sans esprit de récolte. L'existentialisme a ici son sens avant la lettre : les idées surgissent de la trame de l'existence, elles sont vécues. Mais le philosophe s'expose à un lourd reproche : celui d'être un écrivain, et pas un pédant. Son bonheur littéraire ne peut que lui être compté à charge par les inspecteurs généraux, comme si le style n'était pas aussi pensée.

Dans les ronflements de la chambrée malodorante, Sartre se réveille en pleine nuit : quel est l'important besoin qui lui fait devancer l'aurore ? Rien d'autre que le problème de la volonté, dont il occupe son insomnie à esquisser une solution qu'il consignera au matin... Nous voyons s'ébaucher au fil des pages sa philosophie de la subjectivité, soit d'une conscience qui n'est rien qu'elle ne soit conscience d'être. Cette ogresse anorexique s'approprie ce qui n'est absolument extérieur que pour et par elle, aucun don ne lui est fait qu'elle ne se fasse, aucun coup qu'elle ne se porte elle-même... Par exemple *elle est* ce monde « difficile » ou « hostile », elle est la manière même dont le monde se présente, clandestine poseuse de guillemets.

On pourrait la noter conscience zéro, cette conscience que Sartre qualifie de non thétique d'elle-même ou de non positionnelle de soi. Avoir une aventure, ce n'est pas se représenter cette aventure, c'est être dedans, sans savoir où elle mène, alors que dès qu'on en parle on prend le point de vue de sa fin. Ainsi la jouissance ne peut être pleinement jouie pour autant que la conscience qui s'y ajoute est également soustraction : le plaisir dont on prend conscience devient mystérieusement déficitaire et s'affecte de l'anticipation de sa disparition. Ou encore, avoir faim, ce n'est pas le penser, c'est voir le pain briller d'un éclat douloureux à la devanture du boulanger.

Et d'autres termes, la conscience se précède elle-même, toute prise de conscience s'effectue sur la base d'une conscience préexistante qui est aussi bien existence absolue. Mais quel est le rapport de cet absolu avec le moi ? Sartre, qui a donc le tort, aux yeux de ceux pour qui Montaigne doit être cantonné aux classes de rhétorique, de ne pas retirer aux idées leur coefficient affectif ou psychologique, nous avoue son orgueil : être une conscience, être à ce titre le « support du monde ». Méprisant la poussière qui le compose, il revendique l'honneur abstrait et sublime du Cogito.

Cogito, pour Sartre, c'est Atlas. Selon une logique aussi folle que difficile à éluder, sa responsabilité est universelle. Toutefois, l'idée que ce petit binoclard, actuellement bidasse, porte l'univers à bout de conscience n'a-t-elle pas quelque chose de risible ? Je suis le support d'un monde qui ne me laisse pas ignorer qu'il se soutient très bien tout seul. Je tire du néant un être qui de toujours me détermine de toutes parts. Je me tue à faire exister une altérité infinie qui se fiche absolument de ma conscience constituante. Je prends autrui pour un objet alors que je sais parfaitement qu'il est sujet, condamné au même paradoxe dérisoire que moi. Je suis la condition absolue, car c'est moi qui fais être tout – mais il faut ajouter : pour moi, ce qui permet de ramener le fait à ses justes proportions et même à son absence d'importance. « Sans me vanter, il fait beau aujourd'hui », disait Joseph Prudhomme. En un mot, le pour-soi est ridicule.

Tout en émargeant à ce régime ontologique, le deuxième classe Sartre n'en est pas moins captif de l'armée, cet ensemble « pratico-inerte » comme il dira plus tard, et la guerre implique la transformation de l'individu en minuscule et interchangeable rouage d'une immense machine à détruire, en quantité pratiquement négligeable au sein de masses qu'une force, une transcendance insaisissable jette les unes contre les autres. Qu'est-ce qu'un homme dans la guerre ? Un éclat d'obus suffit pour le tuer. La guerre l'écrase, mais la guerre n'en sait rien, soit. Et après ? Qu'y pourrait-il faire, le pour-soi, s'il s'avérait que l'espèce qui est son occasion, fût-elle dite « réalité-humaine », n'a décidément pour vocation que de s'abîmer dans un effroyable caca ? Bref, que la subjectivité soit négativité pure, c'est là une évidence que Sartre a dévoilée à la manière de l'enfant d'Andersen, et il faut une mauvaise foi aussi démesurée que Saint-Pierre de Rome pour la lui contester.

N'empêche, il n'est pas ce troufion mal fagoté, crasseux, il est l'esprit qui se détache d'un environnement lamentable du même mouvement qu'il en fait l'inventaire, et des servitudes militaires, des humeurs du sergent-chef, des pieds qui puent, le voici déjà passé à une liaison vite rompue avec Dieu, à la liberté, à la mauvaise foi, à la « dubitabilité » des sentiments... Il accable Jules Renard : parler de la glace en janvier et du muguet en mai !

Le diariste sans imagination adhère au fait comme la moule au rocher, otage de la raison observante. Il ignore ce qui le sauverait, que l'esprit consiste à parler de la glace en été et du muguet en hiver, à ouvrir dans le réel compact une dimension d'absence, une ligne de fuite, une piste d'évasion. Un soldat du XVIIe siècle exposait que nous avons le pouvoir de concevoir l'essence sans l'existence, et il donnait l'exemple de la rose en hiver[1].

« Je ne suis pas fier de moi », écrit-il sincèrement dédaigneux de la vanité et de son ridicule, « je suis orgueilleux de ma conscience ». Soit, mais voici le problème posé : est-il en droit de dire « ma conscience » ? Son droit ne se bornerait-il pas plutôt à revendiquer une appartenance anonyme à la conscience en général, un accès à ce domaine de n'importe qui où tout un chacun est interchangeable comme le sujet de la science n'est personne en particulier ? Car enfin, si j'énonce que 2 et 2 font 4, et aussi bien que je suis pour autant que je pense, cela n'a rien à faire avec ma subjectivité concrète, laquelle aurait plutôt la vocation de l'erreur. Du reste, le moi n'est-il pas un objet du monde, que ce soit, si je puis dire, le moi de moi ou le moi d'autrui ? Aussi bien puis-je affirmer : j'ai peur de moi, comme si ce moi était un danger objectif pesant sur moi. Le « moi, c'est moi » prétend fallacieusement à l'identité absolue du *A* = *A*, alors que la décompression est ici constitutive. À preuve, le temps qui comporte la possibilité d'un brusque suspens, d'un instant sans préavis me séparant de mon être et par rien, ouvrant un abîme. À moi cependant de le franchir, à moi d'être moi... Sartre explique déjà qu'il y a (et qu'il n'y a pas, elle se néantise) entre le *pour* et le *soi* une relation qui les sépare de la distance infinie du néant. Le moi ne sera jamais que le dépôt de cette liberté et comme sa trahison, sa traduction honteuse en être. Sartre aura reconnu comme allégorie du pour-soi, « poursuivant-poursuivi », un passant agité de la rue de la Gaîté qui, écrivait-il à Simone de Beauvoir, « engueulait ses propres pets[2] ».

Moi égale moi, moi égale *cela*, autant d'impostures : comment une liberté pourrait-elle coïncider avec un objet déterminé ? Descartes lui-même s'y est trompé : dire « Je suis une chose qui pense » est inconsistant puisque la pensée n'est pas de l'ordre de la chose, laquelle a été révoquée par l'épreuve du doute. Daniel Lagache, condisciple de Sartre qui se retrouvait au

1. *Cf.* Descartes, *Entretien avec Burman.*
2. *Lettres au Castor et à quelques autres.* La lettre est datée du 2 mai 1937.

contact de Lacan, concluait dans la revue *La Psychanalyse*, en 1955, un article intitulé « Fascination de la conscience par le moi » sur cette paraphrase d'un mot célèbre de Freud : « Là où était le Moi doit venir la conscience. » Quant à Sartre, il abandonnerait volontiers son moi au psychanalyste comme le voleur laisse sa veste aux mains de ses poursuivants. Dans la mesure où je suis sujet, n'est-il pas évident que je ne puis me confondre en vérité avec cet objet, bref, que *je ne suis pas moi* ? La subjectivité se définit de n'être rien d'objectif, soit. Pourtant, elle n'a d'autre désir ni d'autre chance de salut que le devenir objectif. Pour l'ambitieux, l'existence n'est que le moyen ou l'occasion de faire le moi, d'ériger la statue qui se substituera à la défection de sa contingence – et bientôt Sartre exposera gaiement que, comme Dieu, le garçon de café est contingent. Dans *L'Enfance d'un chef*, nous avons vu le jeune Lucien Fleurier refuser de serrer la main d'un Juif afin de s'identifier, de se déterminer, de se lester d'un poids qui le décharge de sa douloureuse liberté. Lucien, ce n'est plus une inconsistance, une fuite de gaz, c'est une réalité solide, menaçante, un type qui ne peut pas sentir les Juifs – « c'est quelqu'un », comme on dit. Dans *La Nausée*, M. Achille se contente d'être traité par le docteur de « vieux toqué ». Son intériorité inavouable, ses pensées de crabe, son angoisse piteuse, sont classées, rangées, rassurées. Le réel lui fait grâce : des vieux toqués, il y en a, il se peut même qu'il en faille. Roquentin a la sagesse de ne pas s'en mêler, de s'abstenir de faire valoir que M. Achille n'est pas un vieux toqué en raison de son irréductible singularité, même s'il n'est rien d'autre : ce serait rejeter le pauvre homme dans l'enfer du pur négatif. Être, ne fût-ce qu'un vieux toqué, ne fût-ce qu'un chef...

Hier, j'ai mal agi, parce que c'était hier, soutient Sartre. Le moi d'hier est caduc, le Sartre d'aujourd'hui est bien meilleur, mais moins bon que celui de demain. La nuit lui suffit pour se désavouer. En effet, l'auteur de *La Nausée* ne croit pas au progrès pour l'espèce, mais pour lui-même, l'élu, l'annaliste des enfers, dont le compte rendu s'améliore de jour en jour. Sartre n'est pas Sartre, faisons-lui cette opportune concession, car enfin qu'y a-t-il de commun entre le subtil analyste de la mauvaise foi et le gogo qui déclare en 1954 que la liberté de critique est totale en URSS ? La non-identité à soi apparaît à la réflexion comme la loi de notre condition, mais en réalité cette loi n'est jamais reconnue, est constamment bafouée. L'Autre est là pour dessiner notre caricature, et nous nous ridiculisons à vouloir lui opposer notre vrai visage qui de toute façon ne sera jamais qu'un masque. *Persona*, le moi a sa vérité de simulacre dans cette zone de non-droit ontologique où je suis nécessairement perdant. Les autres s'agacent ou s'amusent de nous voir nous répéter, aussi bien que moi-même quand je porte sur ma vie une vue dégrisée. Honte imprévue, je suis prévisible. Je me répète dérisoirement dans mon effort même d'être toujours vierge. Toujours autre, je suis toujours le même. Renaissant chaque matin, je m'encroûte dans cette vieille manie.

La philosophie de la conscience ressemble alors à une technique d'évasion. Dans *La Transcendance de l'Ego*, Sartre était allé jusqu'à expulser le Je lui-même, si pur, si ascétique qu'il soit, du château intérieur qui en fait n'est que tourbillon ou source pétrifiante. À l'en croire, au niveau architranscendantal *il est existé*, et Je, celui qui parle, se borne à constater le fait, l'enregistre de loin comme un séisme dont il ne saurait être l'épicentre. Quant au moi, il pourrait être laissé là dans le monde comme une épave que *personne* ne se soucierait de réclamer. Toutefois, sans lien intime de la conscience au moi par l'intermédiaire du Je, ne s'engage-t-on pas sur la voie d'une dépersonnalisation telle que l'historicité même du Cogito deviendrait incompréhensible ? Le Je serait-il concevable s'il n'y avait d'abord, selon la *ratio cognoscendi*, ce moi jugé par la suite encombrant et pour ainsi dire vulgaire ?

Le grand mérite de ces impromptus étant de nous révéler la genèse individuelle des idées, leur envers affectif, serait-il déplacé de se demander si l'effort pour se débarrasser du moi ne vise pas aussi à se soustraire à ce surmoi dont Sartre nous dit dans *Les Mots* qu'il en a été exempté, tout en en donnant les figurations les plus éloquentes, de la voix enregistrée de son grand-père qui le jette à sa table de travail à ce commandement d'écrire qu'on lui a cousu sous la peau... Aussi bien ne s'agit-il pas de revenir à un paradis de l'irréfléchi, où mes désirs, parce que précisément ils n'étaient pas miens à proprement parler, étaient purs, inattaquables par la psychologie de l'intérêt et de l'amour-propre ? Là, Oreste échappe aux Euménides, Œdipe à son destin. Car, on l'aura remarqué, la caractéristique du moi est d'être fautif, concrétion d'iniquité, intermédiaire frauduleux par nature.

Or, cette méditation s'inscrit dans une situation qui est celle de la guerre, et la guerre est le mal qui vient aux hommes par les hommes. Cependant, elle apparaît, et en particulier cette « drôle de guerre » de 39-40, cette guerre fantôme, introuvable, insaisissable que Sartre guette comme le héros du *Balcon en forêt*, à la façon d'un dieu négatif et caché. La guerre est spectacle donné pour le plaisir de Dieu seul, mais en son absence, et en quelque sorte elle se substitue à lui qui seul pourrait en faire le total, la destruction supplantant la création. Le monde est totalisé par la guerre qui le surplombe, le domine, l'accable à la manière d'un surmoi pour tous. Dans *Le Sursis*, Sartre empruntera fort à propos à Dos Passos sa technique unanimiste pour restituer cette ubiquité. L'événement absolu éclate partout à la fois, simultanéité sidérante qui transit toutes les consciences particulières sans se recueillir lui-même dans une subjectivité, sinon l'absence du dieu mort. Il nie toutes les individualités, aussi bien celle d'un berger analphabète des Cévennes que d'un philosophe. Du même coup, il efface aussi l'échec personnel, il habille *les hommes* d'un autre destin, il imprime à l'humanité entière une même direction, celle de sa perte. L'humanité est en proie au vampire *Surtous*.

La guerre est faute – un crime sans mesure, scande Alain dans *Mars ou la guerre jugée*. Mais où est la faute ? Sartre se reproche de ne pas avoir assez fait pour la repousser, puis la compare dans le style de Kierkegaard au péché d'Adam que chaque individu reprend librement à son compte. Il est vrai que c'est le même homme qui provoque la guerre et qui la maudit. Cette guerre, écrit-il, nous l'avons tous déclarée à un moment ou à un autre, il nous reste à la revendiquer, à la vivre, et, je souligne, à l'*expier*. La nature de l'historicité est telle qu'on ne cesse d'en être le complice qu'en devenant martyr, dit Sartre qui pense peut-être à Jaurès, ou aux « hommes contre » que Pétain fit fusiller en 1917. Jésus meurt de la main de l'homme pour sauver l'homme. Qui aime vraiment les hommes y perdra sa vie. Tel est le sort qui attend les résistants. Et la grâce de l'histoire n'empêche pas la justice de fuir le camp des vainqueurs.

Oui, mais autant la guerre de 14 était à éviter, celle-ci n'est-elle pas à faire ? Le pacifisme n'est-il pas en retard d'une guerre ? Cette fois, j'aurai quelque chose à défendre, ma liberté d'écrivain contre l'idéologie nazie, observe Sartre. Néanmoins, tenant compte d'une remarque de Simone de Beauvoir, il se corrige :

pourquoi entraînerais-je dans cette querelle quasiment personnelle le berger des Cévennes (qu'il fera comparaître dans *Le Sursis*) ?

L'affaire serait-elle de pure idéologie ? Hitler ne défie-t-il pas les démocraties, sa politique n'est-elle pas contraire non au seul écrivain mais à l'homme, et que serait l'écrivain s'il ne témoignait de l'homme, fût-il analphabète ? Il y a dans cet argument une sorte d'élitisme à l'envers qui nous désarçonne. Nous serions tentés de faire remarquer à Sartre que par exemple les paysans de ce Limousin pour lequel il ne montre guère de tendresse filiale n'auront pas moins résisté que les intellectuels parisiens – la main à charrue vaut bien la main à plume. Faut-il rappeler en simple historien que le premier acte de résistance, d'une grande efficacité militaire, fut accompli à l'aéroport de Rouen par Étienne Achavanne, ouvrier agricole, qui le paya tranquillement de sa vie ? Chargé à l'improviste par le BCRA d'organiser un parachutage en Corrèze, Étienne Bauer bénéficia du soutien décisif des gens du lieu qui plus tard ne songèrent même pas à faire reconnaître leurs services[3]. André Glucksmann confiait récemment qu'enfermé à Bourg-Lastic dans un camp de regroupement pour Auschwitz, il trouva refuge chez une toute simple Mlle Duchêne[4]. Et si le monde ne demeurait à peu près supportable que grâce à la vertu, au dévouement têtu de gens modestes et obscurs ?

On s'étonne de voir Sartre mettre à peu près sur le même plan Ribbentropp et Daladier. Pour le moins, la spécificité du totalitarisme lui échappe. Mais précisément ne s'agit-il pas d'une nouveauté ? Comprenons qu'à l'époque l'horrible singularité de cette guerre-là n'est encore qu'entrevue. Dans son admirable récit *Le Dernier des métiers*, Jacques-Laurent Bost écrit ces débuts comme une « fastidieuse imitation ». On croit à la répétition, à la reprise, non sans angoisse et même panique. Et Alain, que l'holocauste de 14-18 avait désespéré, et qui exerçait une profonde influence, voulait la paix à tout prix, ce qui l'amenait à comparer Hitler au colonel de La Rocque. Voilà qui donne la mesure du trouble de cette grande intelligence, puisque le colonel de La Rocque, qui n'avait jamais été fasciste, mourra des suites de sa déportation et d'une résistance dont le moins qu'on

---

3. Comme il en a témoigné dans une émission de France-Culture, *L'esprit de résistance*, diffusée en août 1994.
4. *Le Journal du Dimanche*, 26 février 1995.

puisse dire est qu'elle ne lui fut pas reconnue en temps utile. Alain, qui auparavant avait si fortement exalté l'esprit de résistance, refusera jusqu'à la fin de *réaliser* cette horreur nazie qui, en droit, obligeait à la lutte à mort.

L'honneur est sauf, mais les honorables sont morts, soupirait le vieux maître dans les années 20 – j'aimerais entendre les morts parler de la guerre, opposait-il aux marchands de gloire. Presque tous ses élèves ont été tués. Il est obsédé par cette affreuse moisson, ce terrible appauvrissement dont nous-mêmes avons encore à subir les conséquences sans pouvoir les évaluer. Quelques noms surnagent, comme ceux d'Alain-Fournier, de Jean de la Ville de Mirmont à qui Gabriel Fauré construisit un tombeau... Rien ne put le faire sortir, ce penseur courageux et loyal (il s'était engagé volontairement, ayant dépassé la limite d'âge, par solidarité), de la position où la tragédie, pour ne pas dire la boucherie, l'avait laissé. Du reste, en termes de froide raison, la France pouvait-elle consentir derechef le même sacrifice ?

Cependant, Marc Bloch écrit dans *L'Étrange Défaite* : « Je souhaite que nous ayons encore du sang à verser, même si ce doit être celui d'êtres qui me sont chers – je ne parle pas du mien, auquel je n'attache pas tant de prix. » Et l'on sait de quelle héroïque manière Marc Bloch mit ses actes en accord avec sa pensée. Or, si nous relisons un livre par ailleurs si perspicace, nous constatons que l'historien qui s'apprête à devenir un combattant n'y fait pas l'essentiel de la mise en cause du nazisme. Celui-ci était généralement pensé comme un avatar de la puissance allemande, l'apparence momentanée de l'ennemi au cours d'une guerre de trente ans. De Gaulle ne dénonce le nazisme comme tel qu'à partir de la fin 41.

Mes valeurs remontent à la Résistance, souligne Bernard Kouchner dans son *Ce que je crois*[5]. Notre génération a grandi à l'ombre de la Seconde Guerre mondiale, elle l'a vécue comme cette hantise indicible qu'elle retrouve dans les romans de Modiano. C'était « les trente glorieuses », nos parents s'enrichissaient, ils achetaient des 4 CV, mais nous entendions parler de morts dans des conditions atroces, on nous expliquait pourquoi des rues changeaient de nom... Nous portons sur le monde un regard informé par la calamité totalitaire, et nous avons la

---

5. Grasset, 1995.

douleur d'observer que, si incomparable que soit la Shoah, le génocide est pratique assez courante sur notre pauvre planète. Les *médecins du monde* voudraient faire ce qui n'a pas été fait il y a plus d'un demi-siècle, prévenir, empêcher, réputer le mal exorable.

Nous ne devons pas confondre les points de vue. Dans son flamboyant *Drôle de Jeu*, Roger Vailland présente un jeune héros, « Caracalla » (dont nous croyons savoir qu'il aurait des traits de Daniel Cordier) : si intelligent et si renseigné qu'il soit, le jeune homme pense la Seconde Guerre mondiale dans les termes de la première, estime l'homme au regard froid. Mais sa propre lucidité n'est-elle pas relative, puisque lui croit reconnaître la lutte finale qui va amener l'avènement de la société sans classes et le triomphe définitif sur la barbarie grâce au camarade Staline ?

Là encore nous percevons la distance des époques. Or, le rapport de fascination et de répulsion de Sartre au communisme (et dont il n'aura pas l'apanage, même si, héritant d'une position de porte-parole, il se désignera comme bouc émissaire), nous le voyons se nouer dans ces *Carnets*, en cette année qui est celle du pacte germano-soviétique. Quelque temps auparavant, les charmes conjugués de l'Histoire et de la Dialectique avaient incité les derniers compagnons de Lénine aux aveux les plus fous. Sartre éprouve de la *Schadenfreude* à voir se désagréger – là, il voit trop loin – ce parti qui le « gênait », auquel il s'était reproché de ne pas avoir le courage d'adhérer. Il va jusqu'à écrire qu'il n'est pas devenu communiste de la même façon qu'il n'est pas devenu fou, par peur de « sauter le pas...

Du reste, du communisme, il fait l'expérience à l'armée, et il est loin de s'en réjouir. La guerre est un socialisme, écrit-il, et m'en guérit, par quoi il entend l'absence de la propriété privée, l'empire du collectif. Mais il commet un lapsus historique dont il n'a pas l'exclusivité. Durkheim avait pourtant demandé qu'on veuille bien distinguer entre une utopie proprement millénaire et une conception appropriée aux conditions économiques créées par la grande industrie, une réponse au problème moderne du prolétariat. Les fonctions économiques ne peuvent plus être considérées comme privées, elles conditionnent de plus en plus les autres instances sociales, elles doivent donc être soumises à une régulation. Naturellement un aménagement plus rationnel, plus juste de la société, relevant du principe de réalité, intéresse moins qu'une chimère archaïque. L'idée communiste, par nature, est stérile, sauf en rêveries et en désastres. L'idée socialiste a donné naissance aux conventions collectives, aux comités d'entreprise, aux assurances sociales, à diverses accommodations que peuvent juger insignifiantes de bons esprits dont la vie quotidienne échappe à certaines contraintes. D'une manière générale, nous prêtons attention aux problèmes réels à raison de leur utilité, c'est-à-dire de la licence qu'ils nous octroient de jouer, de faire illusion sur la scène publique, de *socialiser* nos délires.

Quoi qu'il en soit, le communisme, qui représente la société sous la forme de deux camps, est une guerre, et cette guerre Sartre la fera. Il sautera le pas, ou presque, célébrera le Parti comme un Ordre qui donne des ordres, autrement dit une armée. Et sans doute peut-on penser que sans la guerre de 14, ni le fascisme ni le communisme n'auraient connu leur extension. En tout cas, Sartre, loin de l'enthousiasme de Vailland, va se rallier par souci des défavorisés. Dans la *Critique de la raison dialectique*, il démontrera son inaptitude, très honorable, à la *cliodicée*[6]. Il tâchera d'y résoudre le problème, pour ne pas dire le maléfice, du collectif, de l'universel concret, de l'ordre des libertés, en faisant appel au serment. Raymond Aron pourra rappeler[7] que le petit camarade, dans leurs discussions de jeunesse, considérait tout serment comme serment d'ivrogne. La mémoire de Raymond Aron est fidèle, les *Carnets* le prouvent, où l'on peut lire que le serment est une « incantation vaine par quoi l'homme essaie de charmer sa liberté future », qu'il est « aveu de détresse ».

Celui qui pense contre soi peut égaler en comique « l'homme dur pour lui-même comme il l'est pour les autres ». Celui qui renie son scepticisme risque de le dégrader en fanatisme. Il aurait bien fait d'être plus cabochard, ce cabochon. Nous l'avons vu en proie au remords de ne pouvoir adhérer au communisme. Or, le Parti qui descend de l'Église s'entend à jouer sur le sentiment de culpabilité – il saura faire reconnaître par ses adversaires eux-mêmes l'anticommunisme comme une faute morale... – en même temps qu'il promet un salut laïc. Comment peux-tu t'imaginer que, toi, l'intellectuel bourgeois, tu aies raison contre lui qui

6. J'emprunte cette expression pertinente à François Maugarlonne. *Cf. Des Bonaparte et de l'exception de Gaulle*, Nice, Bélisane, 1993.

7. *Histoire et dialectique de la violence*, Paris, 1973.

défend tous les damnés de la terre ? Que fais-tu pour eux ? Et ses soixante-quinze mille fusillés, comment te jugeraient-ils ?...

Il entrera en politique sans la sagacité inquiète de Raymond Aron, sans le passé résistant de Camus, sans la foi dans le Christ et par là, malgré tout, dans l'homme, de François Mauriac. Tenu par un nihilisme sur lequel il ne peut revenir (et ce n'est pas ce grief-là que lui aurait fait par exemple Ionesco), il s'engagera dans une action obscure comme le siècle, il cautionnera les engouements d'une opinion qui l'a élu : on a fait de lui un chef de file, donc il emboîte le pas. Il fut, comme l'a si bien dit Marc Beigbeder, *co-errant.*

En la matière, il n'avait guère d'autre bagage philosophique que sa haine du bourgeois, qui est d'abord celle de son beau-père, de son général Aupick, que ce dégoût du polytechnicien qui fait le fond de la pensée sociale de *La Nausée.* Ne discernant dans l'histoire que chaos, il n'y a pour lui rien de mieux à faire que de soutenir la grande organisation de combat du prolétariat. Du coup, il se résout à une apologie de la violence qui va jusqu'à l'indéfendable dans la préface aux *Damnés de la Terre* de Franz Fanon – qui n'en demandait probablement pas tant. Le progrès est une « faribole », on peut le penser. En revanche, le pire, comme on sait, est une éventualité à prendre en considération.

Concluons que mauvaise conscience et bonne volonté font un mélange politique redoutable. Car, s'il serait déloyal de mettre en doute la générosité des intentions de Sartre, l'expérience nous incline à rectifier ainsi la leçon de Kant : de tout ce qu'il est possible de concevoir dans l'histoire, et peut-être même hors de l'histoire, il n'est rien qui puisse être tenu pour plus désastreux qu'une bonne volonté.. Quand on n'est pas vraiment doué pour le cynisme, on s'expose à un destin de complice, de martyr parfois, de dupe toujours. Les justes sont faibles d'esprit, ils se laissent plumer, ils suivent le cortège mené par les grands voleurs, a dit notre contemporain Alain.

Le maire de mon village, habillé de noir, courait des routes qui n'étaient plus entretenues pour annoncer les morts, au rythme des « offensives », se souvient Julien Gracq[8]. Pierre George évoque comme signes de la guerre la broussaille qui avait envahi les haies, le gui pendant aux branches, les femmes

---

8. *Cf.* Jean Carrière, *Julien Gracq, qui êtes-vous ?* Lyon, La Manufacture, 1986.

courbées sous les bidons de lait[9]... Jean Piel revoit, sortant de la gare des marchandises du Havre, des blessés qui semblaient des fantômes dans leurs bandages sanguinolents[10]. Sartre est un enfant de la guerre – un survivant dans un monde où *il fait guerre*. Son père n'a été emporté que par la fièvre jaune, son destin individuel n'en rejoint pas moins le destin collectif : en ce temps-là, a-t-il rappelé, nous étions nombreux à être orphelins de père. Et cette situation doit même être reconnue comme universelle si l'on veut bien prendre acte de la mort de Dieu. Entre la mort de Dieu et la guerre mondiale Nietzsche avait déchiffré par anticipation la relation.

Sur le mode de la dénégation auquel il recourt volontiers, Sartre assure que la guerre ne lui apparut que comme une nuance d'ennui affectant toutes choses, à la manière de son beau-père, catastrophe survenue vers la même époque. En particulier, nous explique-t-il dans *Les Mots*, il fut privé de ses lectures habituelles et resta pendant quatre dures années sans nouvelles d'Arnould Galopin. Il n'empêche qu'il fait ses débuts en prenant, sous le nom du soldat Perrin, une belle revanche sur le Kaiser, à la manière d'Arsène Lupin dans *813*. Et du coup il va apercevoir pour la première fois la différence entre la littérature et la réalité, au point de bouder la guerre, « épopée de la médiocrité ». Il raconte aussi, dans les *Carnets* puis dans *Les Mots*, qu'à la question : « Quel est votre vœu le plus cher ? » il répondit : « Être un soldat et venger les morts. » Or, de la bouche de l'adulte tombe ce verdict : « Tu sais, mon petit ami, ce n'est intéressant que si l'on est sincère. » N'était-il donc pas sincère, cet enfant soudain ramené à son impuissance, à son sentiment d'illégitimité ? Souvenir qui, peut-être, symbolise une dette criante, écrasante, impayable.

Sa jeunesse se déroulera dans une époque qui se pensa elle-même comme entre-deux-guerres. Que lui manque la clairvoyance de Raymond Aron n'empêche pas que le monde dans lequel il prend pied se donne comme un monde en sursis, un monde affecté d'une forte probabilité de non-être, un monde qui lui apprend que c'est par l'homme qu'advient le néant. L'homme est le seul être par qui une destruction peut être accomplie, parce qu'il est seul à avoir l'idée de la mort. Sartre déclarait lors de l'un de ses derniers entretiens n'avoir jamais connu ou plutôt vécu

---

9. *Le Temps des Collines*, Paris, La Table Ronde, 1995.
10. *La Rencontre et la Différence*, Paris, Fayard, 1982.

l'angoisse, l'avoir décrite de l'extérieur, comme on peut parler du deuil d'un autre. Il faut donner à cette déclaration la même portée qu'à celle où il se prétend indemne de surmoi. Éluder l'angoisse n'est qu'une manière de prendre conscience de l'angoisse, et j'accorde plus de confiance aux notes de 1939 : « Combien de fois n'ai-je pas été hanté par la terreur de la destruction... ? Combien de fois n'ai-je eu, au cours d'une promenade, de violentes angoisses simplement parce que les rues me paraissaient trop peuplées et que j'imaginais de consciencieuses saignées ? Combien de fois n'ai-je pas été saisi d'angoisse devant le caractère *provisoire* de ce monde où je vivais ? »... L'angoisse était dans l'air même qu'il respirait, l'ambiance quotidienne, l'allure de Paris qui pouvait s'anéantir dans un soudain désastre de lumière, pathétiquement *delendum*, le style même de la campagne frissonnante dont les rythmes sempiternels risquaient d'être broyés par le fléau humain. Pour reprendre son algèbre on pourrait écrire que sa conscience était conscience (d') avant-guerre.

S'il veut constamment s'arracher à l'être, qu'il ressent comme l'inerte, le mort, n'est-ce pas aussi pour prouver la vie ? C'est moins du moi qu'il veut se défaire que du mort, du cadavre qui l'obsède, pour avoir connu trop tôt les profondeurs de tristesse auxquelles s'ancre la vie. Alors, on se donne un mal de chien pour se convaincre que l'homme n'est pas impossible, tout en démontrant par superstition le contraire ; on s'installe dans les cafés pour se persuader que le monde n'est pas inhabitable ; on s'encombre de projets pour se divertir d'une incurable « souciance ». Mais l'enfant éternel sait ce qu'il en est, il garde en lui, et sans doute en-deçà de cette claire conscience où il fait un scrupuleux ménage, cette connaissance primitive que les sciences prétentieuses feignent de recouvrir, et qui est panique. Le sinistre entrevu est ajourne, reporté indéfiniment à demain. Mais l'enfant sait que c'est la mort qui l'épie, qui colle son mufle au carreau dans la nuit, qui secoue les branches de l'arbre et dessine sur les murs de sa chambre des ombres sans espoir.

François GEORGE.

L'IMAGE DANS LE TEXTE

Hans Blumenberg
Naufrage avec spectateur
Trad. Laurent Cassagnau

Paris, L'Arche, 1994

I. Amers

Derrière l'histoire des idées, comme un fond mouvant animé d'une vie plus lente, de grandes images se déploient, se renversent et se transforment constamment l'une dans l'autre. Ni schémas abstraits, ni archétypes psychologiques, elles conservent l'empreinte d'une réalité vécue qui se soustrait obstinément aux distinctions et aux généralisations de l'intellect. Plutôt que les racines de la pensée conceptuelle, elles constituent l'horizon sur lequel celle-ci se détache et n'a pas directement prise – l'arrière-plan humain ou la couche archaïque qui lui confère sa continuité et lui permet finalement de s'écrire comme histoire. Ces images sont bien nées de l'Histoire, mais ne se laissent pas emporter dans la succession des événements et des figures de sens : elles sont roulées sur le fond limoneux du fleuve, fixant lentement les sédiments d'aires nouvelles. L'indice, dans le texte, de cette réserve d'images sont le mythe, le symbole, l'anecdote et, éminemment, la métaphore. On voit affleurer ici ces images fondatrices que la réflexion la plus abstraite ne peut éliminer, qu'elle ne refoule d'un côté que pour les développer, les compléter ou les renouveler de l'autre. Le discours de vérité est condamné à se tenir sur cet arrière-plan, où la vérité n'est qu'allégorie. La présence entêtée de la métaphore signale une autre histoire que celle des seules idées de la raison, une histoire qui – contre le gré du philosophe – rapporte inéluctablement le mouvement de ces idées à l'échec de tout projet de connaissance.

Dans *Naufrage avec spectateur*, Blumenberg s'intéresse plus particulièrement à l'image employée par Lucrèce au début du deuxième livre de son poème sur *La Nature* :

> Douceur, lorsque les vents soulèvent la mer immense,
> d'observer du rivage le dur effort d'autrui,
> non que le tourment soit jamais un doux plaisir,
> mais il nous plaît de voir à quoi nous échappons[1].

En amont, si l'on peut dire, le thème est celui du naufrage, punition que s'attire l'homme irrespectueux des bornes qui lui ont été assignées dans l'ordre naturel et divin. Mais la mansuétude des dieux transforme le châtiment en une épreuve qui, surmontée, marque en particulier pour le philosophe, ce « naufragé professionnel », une nouvelle naissance, l'accès à une vérité débarrassée de l'éclat des fausses richesses et de l'encombrant appareil des savoirs. Zénon de Cittium se réjouit du « bon vent » qui lui a fait faire naufrage. Ce thème stoïcien réapparaîtra tout naturellement chez Montaigne, pour qui le naufrage ramène l'homme à sa réalité essentielle (« l'homme d'entendement n'a rien perdu, s'il a soi-même »), mais qui s'efforce néanmoins de se garer du gros temps et de ne pas « s'éloigner du port » – en choisissant délibérément de n'assister qu'en spectateur aux bouleversements de l'Histoire. C'est seulement dans cette configuration, où la lutte de l'homme pour sa vie ou sa vérité se dédouble pour ainsi dire dans la contemplation distanciée d'un témoin, que l'image du naufrage devient une métaphore globale de l'existence humaine et des métamorphoses du plaisir.

Lucrèce, entre-temps, a dépeint le sage contemplant de son rocher le mouvement désordonné de la réalité matérielle *(pelagus materiae)* et se réjouissant d'échapper quant à lui, par sa lucidité supérieure, à ce grouillement d'atomes « d'où les formes de la nature sont jetées sur la plage du phénomène visible, tels les débris de violents naufrages ». La relation humaine compte à vrai dire moins, ici, que le rapport du philosophe/homme de science avec l'univers physique ; mais la teneur même de sa métaphore place aussi Lucrèce sur le terrain de la morale commune, où le guette Voltaire : « Pardon, Lucrèce, je soupçonne que vous vous trompez ici en morale comme vous vous trompez toujours en physique. » Celui qui court au rivage assister à l'agonie du navire

1. Lucrèce, *De la nature*, trad. J. Kany-Turpin, Aubier, 1993, p. 115.

ne recherche pas un plaisir réfléchi, mais s'abandonne à une curiosité naturelle qui exprime la part de la passion dans toute entreprise humaine. Il est frappant de constater comment le lieu commun se renverse sous la plume de Voltaire : le spectateur n'est plus le sage qui a su se soustraire aux désordres du monde (Candide se retire à la fin de l'action, justement parce qu'il en a assez vu), mais l'homme de passion, l'homme « vain », le « mondain ». Si la curiosité commune, la simple soif de nouveauté confère au spectateur l'innocence « des singes et des jeunes chiens », le goût de la froide contemplation pourrait bien faire d'un ange un démon.

D'un autre côté, les éléments naturels devaient inévitablement perdre leur pouvoir de fascination sous l'effet des progrès techniques et de l'élan encyclopédiste. C'est le rapport esthétique, le regard de l'amateur d'art qui signifiera, pour l'abbé Galiani, la contemplation à la fois distanciée et compatissante des tourments humains ; et la métaphore nautique change encore une fois de sens, dès lors que l'homme se sent de taille à affronter le monde : « Le naufrage n'est plus l'image extrême de la situation de l'homme dans la nature. La métaphore ne serait pas adéquate à exprimer encore ce qu'elle impliquait autrefois. C'est à la technique, à la science de régler le problème de la conduite du navire. La métaphore du navire peut alors représenter la sagesse dans la conduite de l'État et son opposition à toute sorte de passion » (p. 49-50).

La Révolution française montrera que cette sorte de navigation n'est pas non plus exempte de périls, et que les naufrages politiques offrent un spectacle formidable et un enseignement précieux aux peuples voisins. Herder note ainsi : « Nous pouvons regarder la Révolution française comme on regarde en sécurité depuis le rivage un navire qui au milieu d'une mer inconnue fait naufrage, si notre mauvais génie ne nous précipite pas nous-mêmes contre notre gré dans la mer » (p. 56).

Ces quelques figures montrent qu'il serait contradictoire et vain de vouloir reconstituer une histoire linéaire des métaphores, sur le modèle de l'histoire des idées. La métaphore apparaît au contraire comme une forme ouverte aux investissements sémantiques les plus divers, les plus opposés, une forme qui introduit néanmoins dans la succession des textes une permanence indéterminable.

II. La trace du désir

Le dernier chapitre de l'ouvrage constitue un bréviaire et un programme, dans lequel Blumenberg restitue sa démarche dans un cadre théorique général. Il se démarque tout d'abord des conceptions purement décoratives qui font de la métaphore un simple accessoire, au mieux une « force d'appoint » du discours conceptuel. La métaphore n'est pas destinée à introduire une dimension « subjective », « poétique » ou « imaginative » qui accommoderait en quelque sorte la sécheresse spéculative. De quelque manière qu'elle s'articule au contenu propositionnel du texte, elle ne substitue pas seulement un prédicat à un autre, elle dit quelque chose que le concept est impuissant à dire, elle s'oppose à celui-ci en ouvrant le champ infiniment plus vaste du « non conceptuel[2] » – plus exactement, elle témoigne d'un besoin dont naît le discours conceptuel et qu'il n'est pas capable de satisfaire. Elle le ramène à la zone primitive de la réalité vécue, à ces « passions de l'âme » d'où la recherche de vérité tire son élan. C'est condamner la pensée à la nostalgie, car le désir dont la métaphore porte la trace est toujours un désir ancien, presque effacé par l'habitude de la pensée efficace. « S'il nous faut comprendre que nous ne sommes pas autorisés à attendre de la science la vérité, alors du moins voulons-nous savoir pourquoi nous voulions connaître ce qui nous cause maintenant de la déception pour avoir voulu le savoir » (p. 94).

Le « déplacement » sémantique de la métaphore recouvre ainsi un double arrachement : relativement à une expérience passée et à un désir inassouvi. Cette fracture se trouve occultée dans le concept, que Blumenberg à la suite de Nietzsche, assimile à une métaphore oublieuse de son origine[3] ; c'est la mise en présence des deux niveaux de discours qui donne à la métaphore sa force de contestation absolue et fait du discours conceptuel une tentative désespérée pour établir l'ordre d'une identité intemporelle. « Ce n'est que sous la pression de la contrainte de

2. *Unbegrifflichkeit*, terme que le traducteur a choisi de rendre par le néologisme assez incommode d'« inconceptuabilité ». D'une façon générale, le texte français se signale par une fidélité plus scrupuleuse que toujours élégante à l'original, de sorte que le public français doit croire sur parole les critiques qui lui affirment que Blumenberg est « le plus grand styliste allemand depuis Thomas Mann ». Éternel dilemme du traducteur...

3. Blumenberg propose ici une version tempérée de l'idée fort contestable de Nietzsche, selon laquelle le fait de ne pas porter la trace de son origine est un indice de non-vérité, qui met les philosophes en contradiction avec leurs propres prémisses.

réparation de la cohésion menacée que l'élément d'abord destructeur devient métaphore. Il est intégré à l'intentionalité par une astuce de réinterprétation. Le corps étranger exotique est qualifié de "simple métaphore" par un acte d'autoaffirmation : le dérangement devient support. Dans l'expérience, cela correspond à la nécessité d'incorporer l'événement le plus surprenant qui survient à la limite du prétendu "miracle" dans le système général de causalité. » L'image intégrée – c'est-à-dire rhétorique – n'est plus qu'une image aliénée, domestiquée.

La métaphore ne constitue donc pas une identification imparfaite, elle remplit une fonction authentique du langage qui est de manifester selon le temps et le désir le « monde vécu » de l'homme, compris comme origine indéterminable et indicible. Elle permet de dire ce qui échappe au discours de l'identification conceptuelle, la réalité vécue « pré-théorique », mais aussi d'éviter les conséquences trop brutales d'un réalisme radical des déterminations (« La démythologisation n'est, pour une bonne part, rien d'autre qu'une remétaphorisation »). Car Blumenberg est convaincu avec Nietzsche que l'homme n'est pas fait pour supporter la « vérité » – disons plutôt l'univocité – à trop fortes doses, et que la métaphore joue ici un rôle quasi prophylactique : « La métaphorologie consiste à compléter l'examen de ce que nous devons réaliser en tant qu'accomplissement de l'intentionalité de la conscience par l'évaluation plutôt anthropologique de ce que nous pouvons nous permettre comme accomplissements. »

Mais l'indéterminé par excellence et l'objet premier du désir humain est la totalité. La métaphore est avant tout « l'effort désespéré pour prononcer quelque chose qui jusque-là n'a pas été dit et a été tenu pour indicible – pas une phrase sur un fait, mais sur la totalité des faits ». Par la synthèse métaphorique, le discours s'apparente aux actes de consommation symbolique du corps divin ou aux suicides rituels : il s'arrache à la durée pour jeter un pont entre le déterminé et l'indéterminé, le particulier et l'absolu.

III. Les frontières du texte

Habermas[4], commentant le succès d'un autre livre de Hans Blumenberg (*Le Souci traverse le fleuve*, trad. O. Mannoni, l'Arche, 1990), semble avoir été agacé par la revendication d'une sorte de « no man's land » entre philosophie et littérature, qui lui rappelle la mise en cause déconstructiviste du discours philosophique par la littérature. Habermas réagit sur deux points : d'une part, l'impérialisme textuel qui évince de la philosophie tout rapport à une réalité non discursive, et d'autre part, la confusion des genres entre littérature et philosophie.

Il est vrai que Blumenberg ne résiste pas toujours à la tentation de l'inventaire érudit, qui semble réduire le monde à une vaste bibliothèque et enfermer la philosophie dans un interminable auto-commentaire. Il n'hésite cependant pas à justifier l'étude de la métaphore par un intérêt *anthropologique*, qui doit paraître bien désuet aux adeptes du déconstructivisme derridien. Ce que le discours scientifique refoule sans pouvoir l'éliminer, c'est le besoin de donner aux choses un sens humain, fût-ce en les modelant à l'image de l'homme. Parler, comme le fait Montaigne, du « visage du monde », c'est rappeler que le désir de connaissance plonge ses racines dans un monde vécu qui – aujourd'hui encore – trouve dans l'anthropomorphisme ses réponses les plus satisfaisantes[5]. C'est le souvenir lancinant de cette plénitude, c'est cette inquiétude faustienne qui travaille le discours conceptuel et lui met constamment sous les yeux son échec.

L'image, le symbole, la métaphore sont les symptômes de cette inquiétude. J'ajouterai que la nécessité pour le discours philosophique de se constituer en *œuvre* littéraire va dans le même sens, signale le besoin qu'a encore la philosophie de mimer son objet par impuisance à le décrire exhaustivement. Blumenberg n'explore pas cette voie, qui, envisageant la métaphore sous l'angle d'une stylistique de l'œuvre individuelle, pourrait cependant rejoindre son propos.

---

4. J. Habermas, *La Pensée postmétaphysique*, trad. R. Rochlitz, A. Colin, 1993, chap. IX.

5. C'est cet enracinement dans les structures du vécu qui explique que l'histoire des idées constitue pour Blumenberg une série de réponses différentes à des questions identiques. *Cf.* l'analyse de *Die Legitimität der Neuzeit* par Rémi Brague, in *Le Débat* n° 83 (janvier-février 1995).

Une des raisons pour lesquelles Blumenberg ne s'engage pas dans cette direction tient sans doute au fait que cette dimension humaine restituée dans le texte par la métaphore semble inséparable d'une conception purement instantanée du temps. Dans l'opposition entre le métaphorique et le conceptuel, ce sont deux réalités temporelles qui s'affrontent. La synthèse de la métaphore s'accomplit dans l'instant, elle représente la possession immédiate et totale du sens (la folie de « tout vouloir », c'est de vouloir sans délai), tandis que la discursivité conceptuelle se développe par définition dans la durée, ne propose que la « différance » du désir de plénitude. Cette revendication est aussi celle du possible contre l'effectif. La métaphore vaut pour Blumenberg par son retrait en-deçà de l'effectivité. « Le symbole est impuissant à dire quelque chose sur son objet de référence. C'est pourquoi il représente le non-figurable sans l'aider à accéder à celui-ci. Il maintient la distance entre objet et sujet pour constituer une sphère de corrélations non objectivées de la pensée, la sphère du symboliquement représentable. Il est la possibilité de l'effet de l'idée pure, de l'idée en tant qu'idée même de possibilité... » (p. 111). La métaphore blumenbergienne se refuse à toute exploitation, à tout déploiement discursif de ses déterminations, nécessairement synonyme de déception ; elle n'est donc pas un premier brouillon du concept, mais pas non plus la métaphore qu'on « file », et dont on peut tirer la trame analogique d'une construction littéraire. Songeons, pour rester dans le registre du « naufrage avec spectateur », aux *Chants de Maldoror* (chant deuxième, strophe 13). L'image de Lucrèce s'y trouve déclinée d'une manière originale : le narrateur, non content d'applaudir aux souffrances des naufragés, abat les survivants à coups de carabine ; mais ce n'est pas tout : les requins viennent finir l'ouvrage, et parmi eux une énorme femelle qui dispute férocement à ses propres congénères l'exclusivité du festin. Alors l'homme sur le rivage, anéanti d'admiration, plonge dans les eaux furieuses le couteau entre les dents, pour secourir la seule créature qui lui semble digne d'amour (« Elle avait les mêmes idées que moi ! »). Ils s'accoupleront dans l'écume et le sang. Voilà une pièce de choix qui aurait apparemment mérité de figurer dans l'anthologie blumenbergienne. Lautréamont est incontestablement un moraliste, qui tente de nous dire quelque chose sur l'homme, tout comme Voltaire quand il s'interroge sur la curiosité comme mobile des actions humaines. Mais la métaphore se trouve ici étirée aux dimensions d'un récit de fiction et, n'étant plus mise en présence d'une tentative d'énonciation directe du sens (par exemple sous la forme d'une « morale de l'histoire »), perd son pouvoir de rupture. Si donc Blumenberg gomme les différences entre littérature et philosophie, ce n'est pas, comme le craint Habermas, en confondant le réel et l'imaginaire dans un flux textuel indifférencié, mais en récusant – au nom de la synthèse inexplicable de l'image – leur commune tentative pour satisfaire le désir de sens dans l'élément de la durée.

L'alternative n'est pas nécessairement celle que propose Habermas. Rechercher la synthèse du côté de l'entente intersubjective n'est-ce pas opposer un impérialisme communicationnel (ou « procédural ») à l'impérialisme textuel ? C'est en tout cas négliger encore une fois la possibillité d'une synthèse *dans l'objet*, qui est lui aussi au-delà de la détermination positive, « réserve de possibles », et qui n'en est pas moins objet pour nous, parfois seulement « outil » et néanmoins infini, inépuisable. Blumenberg – tributaire en cela de la dévalorisation heideggérienne de l'ontique – associe le possible, comme réalisation authentique de l'être de l'homme, à l'indétermination, au non-effectif. Or, tout cela, le déterminé et l'indéterminé, le conceptuel et le non-conceptuel, le possible et l'effectif, l'instantané et le durable, le fini et l'infini, se trouve réuni et articulé dans la réalité matérielle en tant qu'objet de l'activité humaine. Le bois et la pierre ne signifient rien pour celui qui n'en maîtrise pas les usages, tandis que la pratique de ces matériaux en démultiplie les sens possibles, bien au-delà de leurs seuls usages. Les finesses rhétoriques éveillent alors l'écho de rapports réels, où prennent sens certaines antanaclases qui font hausser les épaules au sens commun.

Pierre RUSCH.

LE PAPYRUS ALEXANDRIN

Perception littéraire d'Alexandrie au XXe siècle

> « Car les lieux ressemblent beaucoup à des tablettes enduites de cire ou à des papyrus. Les images ressemblent à des lettres. L'arrangement et la disposition des images ressemblent à l'écriture. »
>
> CICÉRON.

Il est des métropoles que les dieux ont fait naître sous le signe d'Éos. On imagine volontiers qu'elles sont là depuis l'aube des temps. Souvent elles ne perdurent que dans de vagues histoires d'éléphants ou de parole donnée par quelque ennemi, comme pour montrer qu'en se levant aux aurores on risque de s'assoupir trop tôt. Il en est d'autres qui résistent au sommeil pour ne céder qu'à une légère somnolence ; au sortir de leur torpeur elles connaissent un regain d'activité. Tel est le cas de Rome, aujourd'hui briguée par des Lombards qui songent peut-être au Panthéon à défaut d'oser perpétuer la tradition des arcs de triomphe. Tel est aussi le cas d'Athènes, où gaz et fumées rongent un Parthénon qui n'en peut mais. Et puis, il y a Alexandrie, qu'un dieu humain fonda et gratifia de son nom, en 331 avant notre ère, comme pour préserver des atteintes du sable, des eaux et du temps un lambeau de terre tellement bien situé dans l'économie de la Méditerranée que le conquérant se moqua de ce qu'il était pris en tenaille entre la mer, le désert et le lac Maréotis. On sait ce que valent les projets millénaires. Ils vivent le temps des roses, et si tout va bien le temps d'une érosion. D'autres Alexandries ont vécu pour le démontrer. Il y en eut une bonne douzaine. Mais, n'était Umberto Eco, qui du reste a eu la bonne idée d'évoquer sa ville natale dans son dernier roman, on ne parlerait sans doute pas même – ou si peu – de la seule autre Alexandrie d'importance, l'Alessandria piémontaise. Pourtant, sous son aspect égyptien, la gageure du conquérant macédonien, épaulé par Ptolémée, modeste général appelé à devenir célèbre, a failli tenir au-delà même des prévisions. Alexandrie vit toujours. Et si l'on s'accorde à dire qu'elle le fait plutôt bien, quoique Gide déjà, en 1939, eût souligné la misère des enfants qui erraient dans ses rues[1]. Mais cette Alexandrie-ci est-elle bien la même que celle qui abrita le Mouseion – la volière des Muses –, la Bibliothèque, ou le Pharos ? Toute la question est là, car il ne reste rien, ni d'Alexandre, ni des différents Ptolémées, ni des successeurs d'Antoine et de César (à l'exception d'une colonne que les Croisés, peu férus en arabe, avaient attribué à Pompée alors qu'elle était consacrée à Dioclétien).

Il n'est donc guère étonnant que le récent film de Youssef Chahine, *Alexandrie encore et toujours*, s'ouvre sur les vers célèbres du monologue d'Hamlet. Il est à peine plus surprenant que le jeune acteur qui les récite s'appelle Amr, comme le fossoyeur de l'Alexandrie gréco-romaine, tandis que le réalisateur qui le dirige, et que Chahine interprète lui-même, a nom Eskandarani. Il est presque logique, enfin, que l'œuvre de Chahine soit le récit de l'étrange fascination qui lie un homme représentant ce que la ville fut, et dont les films sont consacrés à Alexandre, Sostrate (l'architecte du Phare) ou encore à Antoine et Cléopâtre, à un homme plus jeune d'une génération et que l'Antiquité intéresse bien moins que la réalité arabe projetée dans des feuilletons vite tournés.

Mais le doute hamlétien ne concerne pas seulement la majorité arabe de la ville. Il taraude aussi Darley, le narrateur de l'incontournable quatuor d'Alexandrie composé par Lawrence Durrell, et à travers lui toute la population allogène du lieu : « Qui est-elle, cette ville que nous avions élue ? Que contient et résume ce mot : Alexandrie ? [...] Cinq races, cinq langues, une douzaine de religions ; cinq flottes croisant devant les eaux grasses de son

1. En se promenant à Alexandrie, en mars 1939, Gide est frappé par « la misère atroce de quantités d'enfants » (p. 1075), qui ne mendient pas, sachant bien qu'on ne leur donnerait rien. Il est encore ému par la vision d'un cul-de-jatte. Mais tout cela ne représente peut-être qu'une infime partie de la réalité, car Gide ajoute : « Mégret me dit que de vastes épurations, les mois derniers, ont nettoyé la ville » (p. 1076).

port[2] » (*J*, p. 16). Car Alexandrie fut également la terre d'élection des exilés de la Méditerranée et l'aire de chasse des prédateurs anglais qui ont su faire place nette face à leurs rivaux français.

Entre l'Alexandrie de Ptolémée Philadelphe et l'Alexandrie de Youssef Chahine s'étend un désert de ruines, qui elles-mêmes ne sont plus. Le Mouseion a cédé la place au musée gréco-romain de shari (ou street, ou rue) Shahi Salah. C'est peu. Et comme la réalité n'est pas à la hauteur du songe, il aura appartenu à la littérature de faire trésor du passé et de forger de nouveaux mythes. L'esprit de Callimaque veille encore sur la créature d'Aliskandar Al Akbar.

*

La lecture d'Alexandrie requiert deux notes préliminaires. En effet, comment interpréter le passage des splendeurs d'antan au néant d'aujourd'hui ? Comment concevoir la métamorphose d'un temple de la gréco-romanité en lieu de transit international, en espace d'accueil par excellence ?

La première note, en général, explique l'effacement de la cité des Ptolémées par la conquête arabe de 641. En veut-on une preuve ? Quand Bonaparte arriva dans la rade, le 1er juillet 1798, il vit une ville passablement sinistre qui ne comptait plus qu'une dizaine de milliers d'habitants sans musée, sans phare, sans rien. Son spleen alexandrin aura d'ailleurs empiré sérieusement le mois suivant lorsque Nelson tailla sa flotte en pièces dans la proche baie d'Aboukir. Mais l'explication est un peu courte. D'abord, le blanc semble être la couleur dominante, à Alexandrie. Il est donc logique qu'il ait déteint sur son histoire. Comme le fait dire Stratis Tsirkas au narrateur de *Cités à la dérive* : « Sur les trente siècles de l'histoire que vous attribuez à Alexandrie à dater de la Racotis pharaonique, vous arrivez tout juste, avec beaucoup de difficultés, à couvrir dix siècles d'événements. Les autres restent blancs, déserts » (*CD*, p. 693). Et le musée a brûlé avant Amr. César y mit le feu une première fois, et sans doute involontairement, en 48 avant J.-C. Au IIIe siècle, un violent incendie lui donna le coup de grâce. Puis, comme partout (que l'on songe aux pierres du Colisée enchâssées dans les masures

2. Les numéros de pages entre parenthèses renvoient aux ouvrages dont les références figurent dans la bibliographie.

romaines ou aux manuscrits des sagas convertis en vêtements dans l'Islande misérable du XVIIIe siècle), on appliqua une règle dure mais compréhensible : la nécessité fait loi. A-t-on bien ausculté chaque mur de chaque demeure alexandrine ? Enfin, il y eut des séismes qui élevèrent le niveau de la mer. Le temps, plus que les Arabes, a fait sa razzia d'histoire. Sait-on seulement qu'Ibn Battuta, le grand voyageur tangérois, tenta une description du Phare, au XIVe siècle ? Plus neutre que d'autres, le Croate Predrag Matvejevic le rappelle dans son splendide *Bréviaire méditerranéen* (1987). L'Islam n'était pas obnubilé par l'idée de transformer des villes en villages.

Et d'ailleurs il appartient à un pacha du cru et non à un conquérant de passage d'avoir arraché Alexandrie à sa léthargie au cours de la première moitié du XIXe siècle. Lorsqu'en 1849 mourut Mohammed Ali (ou Mehmet Ali, puisque l'Égypte était alors sous la coupe des Turcs), le petit bourg aperçu par Bonaparte avait décuplé sa population et adopté une politique d'hospitalité sans faille. Les premiers Italiens, originaires de Livourne, débarquèrent en 1821 après que le grand-duc de Toscane eut prononcé l'ostracisme contre ses sujets juifs. Presqu'en même temps se présentèrent les rescapés du massacre de Chios, qui soixante ans plus tard se virent rejoindre par les survivants du tremblement de terre qui mortifia une nouvelle fois l'île. Les Italiens et les Grecs prêtèrent immédiatement main forte à Mohammed Ali dans son projet de relancer l'économie locale. Leurs rangs furent progressivement grossis par l'arrivée de réfugiés du Proche-Orient qui fuyaient l'intolérance religieuse. Dans *Le Tarbouche* (1992), Robert Solé met en relation la venue de l'aïeul Batrakani avec la persécution des grecs catholiques de Syrie. Les derniers venus furent les Arméniens qui avaient échappé au génocide perpétré par les Turcs et un contingent plus limité de Russes blancs. Deux événements conjoncturels expliquent encore l'extraordinaire essor d'Alexandrie au XIXe siècle. Le premier eut des répercussions indirectes mais formidables sur l'économie locale : la guerre de Sécession américaine incita l'Europe à s'intéresser de plus près au coton égyptien. Le delta du Nil se couvrit de fellahin contraints à ramasser le coton, qu'Alexandrie, où l'on ouvrit une Bourse, acheminait dans le reste du monde. L'inauguration du canal de Suez amplifia très vite la vocation commerciale des lieux, eux-mêmes reliés au Nil par le canal Mahmoudiya. Mais elle compliqua leur situation politique. Point stratégique sur la route des Indes, comme le reste de l'Égypte, Alexandrie passa définitivement sous la férule des Anglais après le bombardement du 11 juillet 1882 – au grand dam de Ferdinand de Lesseps, ancien vice-consul à Alexandrie et ami de Mohammed Ali. En marge du commerce et malgré l'occupation étrangère, la ville se dotait d'infrastructures modernes. Les Italiens, derechef, eurent la part belle. Giuseppe Ungaretti, dans *Le Port enseveli* (1916), évoque les tailleurs de pierres pouillais que la municipalité appela pour paver de lave les artères de la ville. La Corniche, l'un des symboles de la nouvelle Alexandrie, est l'œuvre d'autres compatriotes du poète.

En 1882, année où elle s'inscrit à nouveau dans une perspective eurocentrique, Alexandrie est donc une ville où la population autochtone, qui reste évidemment majoritaire, est augmentée de réfugiés de tout poil, de commerçants à demeure et d'une soldatesque qui ira en s'internationalisant. Quant aux religions, elles ne se comptent plus. On risquerait, en effet, d'oublier les Sikhs pourtant présents dans toutes les campagnes égyptiennes !

*

Cosmopolite au possible, Alexandrie devient un lieu dont la perception est extraordinairement complexe. Mais comme le hasard (ou la nature) fait bien les choses, il a pourvu l'endroit de ressortissants capables de le décrypter ou, à défaut, de lui conférer un halo mythique.

Le maître de céans incontesté est le Grec Constantin Cavafy, dont la réputation posthume n'a cessé de croître, grâce en particulier aux bons offices d'E.G. Forster et de Marguerite Yourcenar. Il est le seul Alexandrin de la diaspora méditerranéenne qui ait passé toute sa vie dans son bercail. Cavafy est bien le génie tutélaire des lieux, comme Pessoa, auquel on le compare parfois, l'est à Lisbonne, mais il n'est pas seul. Peu après lui sont nés deux des principaux poètes italiens du XXe siècle : Filippo Tommaso Marinetti et Giuseppe Ungaretti. Le promoteur du futurisme, expulsé du collège jésuite Saint-François-Xavier (pour avoir diffusé Zola en sous-main !), gagne Paris dès 1893. L'hermétique Ungaretti résiste jusqu'à 1912 avant de se rendre à son tour en France. Marinetti, l'exact contraire de Cavafy, a préféré les chants nationalistes ou fascistes de Libye (1911) et d'Éthiopie

(1936) à une poésie alexandrine sans doute trop fine pour lui. Ungaretti, lui, n'a jamais oublié ses origines. Plusieurs poèmes évoquant sa ville natale furent publiés dans la revue florentine *Lacerba* vers 1915 et repris notamment dans *Le Port enseveli*.

Avec Cavafy et Ungaretti les bases d'un étroit rapport entre Alexandrie et littérature étaient posées. Comme dit Forster, cité par Marguerite Yourcenar dans sa présentation critique de Cavafy : « Il se peut qu'il consente à commencer une phrase, une phrase immense, compliquée, et cependant équilibrée [...] Quelquefois, la phrase s'achève dans la rue ; quelquefois, elle meurt de mort violente, victime de la circulation intense ; quelquefois, enfin, elle se prolonge jusqu'à l'intérieur de la maison » (p. 12-13). Demeures, rues, phrases et vers sont désormais indissolublement liés.

Le renfort vient parfois d'ailleurs, et surtout d'Italie. En 1897, Enciro Pea entre dans le port, où il reste quelque temps pour exercer une activité d'aide-mécanicien. Il achète ensuite une *baracca*, qu'il peint de rouge et qui devient le rendez-vous des anarchistes et des rebelles du coin - Ungaretti compris. Ses souvenirs sont consignés dans *Vie en Égypte* (1949), dont un premier manuscrit s'est perdu pendant la guerre. En 1914, il quitte l'Égypte après s'être marié. C'est encore une histoire de mariage (mais celui d'un autre) qui éloigne E.M. Forster, en 1919, après quatre années passées au service de la Croix-Rouge. Les réflexions alexandrines de Forster sont notées dans une sorte de baedekker - *Alexandrie : une histoire et un guide* (1922), où Cavafy joue les cicérones - et dans *Pharos et Pharillon*, essai de 1923 où sont regroupés les articles publiés dans l'*Egyptian Mail*. C'est en revanche à la suite de son mariage que Fausta Cialente rejoint Alexandrie, en 1921. Elle y aura séjourné vingt-six ans pour éviter les sbires de Mussolini et pour goûter à la saveur exotique du site. Alexandrie est omniprésente dans *Cour sur Cléopâtre* (1936), *La Ballade levantine* (1961), voire dans *Le Vent sur le sable* (1972).

Et que deviennent les écrivains arabes ? Il semblerait que leur heure n'avait pas encore sonné, alors. Colonialisme et culture autochtone ne font pas souvent bon ménage. Ungaretti dédie le premier poème du *Port enseveli* à son ami Mohammed Scheab, qui s'était suicidé juste avant la Première Guerre mondiale parce qu'en voulant troquer son identité égyptienne contre les bonnes grâces des cénacles parisiens il avait fini par s'égarer. Imposer une écriture arabe était tout simplement impensable.

Pour tous ces pionniers de la littérature sur Alexandrie se profile la silhouette de ce qui n'est plus. Il s'agit de bâtir une Bibliothèque idéale. À défaut de contenant, on aura un contenu. Il en va d'eux comme de l'horloger catalan que Matvejevic a rencontré dans le port et qui cherchait à reconstruire le catalogue de la Bibliothèque pour compenser la désagrégation de sa propre langue. Alexandrie est une compensation. Une consolation, peut-être. Heureusement, la ville se prête au jeu. Merveilleux sujet d'observation, elle tolère la présence simultanée de ceux qui vivent pour l'illusion et de ceux qui s'en tiennent à décoder le réel. L'ébauche d'une perception littéraire des lieux a tôt fait de se dégager.

Par delà les siècles, le soleil a toujours brillé sur Alexandrie, ce qui fait dire à Ungaretti : « Je connais une ville / qui chaque jour se remplit de soleil / et tout alors est emporté » (*VH*, p. 46). La nature solaire de l'endroit s'accorde avec le cosmopolitisme méditerranéen qu'il a suscité. Tandis que Cavafy, incapable de soutenir une conversation en arabe, demeure essentiellement le chantre de la communauté grecque, Fausta Cialente, dans *Cour sur Cléopâtre*, écrit en 1931 (et publié cinq ans plus tard), rend compte de la multiplicité des souches ethniques représentées à Alexandrie. Dans une cour du quartier prolétaire de Cléopâtre cohabitent la famille du fourreur juif Abram, flanquée d'une servante grecque, le savetier arménien Aram et sa fille Haiganouch, la Grecque orthodoxe Crissanti et son fils Marco (de père toscan) et le couple grec catholique des Triandafilou. Pour peu que l'on ajoute à la liste le tavernier calabrais Armando, sa fille Kiki (dont la mère est arabe) et le peintre en bâtiment maltais Francesco, l'on a la sensation de se trouver devant l'esquisse d'une Société des Nations méditerranéenne. Tout ce beau monde vivrait en parfaite harmonie (n'en déplaise au Duce, semble suggérer Fausta Cialente) s'il n'était ébranlé par de sourdes passions amoureuses attisées par le soleil et les vagues de la mer. La vie en commun est sanctionnée par d'étranges amalgames linguistiques : Haiganouch parle indifféremment l'arménien, l'arabe ou le français, Francesco manie toutes les langues sans en posséder aucune, tandis que Crissanti, quand elle ne parle pas grec, commence ses phrases en italien avant de les finir en arabe. La Méditerranée forme un ensemble compact. Mais l'Autre existe (dans la perspective de certains personnages et non de l'écrivain, précisons-le). Il est Soudanais - et pas même digne d'être accusé de viol, ce qui est bien le comble du racisme. Il est aussi Anglais, et donc inaccessible : ce sont les villas anglaises qui ont les plus belles fleurs et les jardins les mieux entretenus.

L'analyse des équilibres entre les différentes communautés, dont l'ouvrage de Cialente est l'un des premiers exemples ne tardera pas à devenir l'un des *topoi* alexandrins. Il revient aussi à cette romancière mi-sarde mi-triestine d'avoir lancé une manière de dialectique des odeurs. Les effluves exhalées par les rues provoquent chez les auteurs ou leurs personnages des tropismes souvent révélateurs. Pour Marco, le héros de *Cour sur Cléopâtre*, les quartiers arabes dégagent des odeurs de friture et de poisson, certes, mais aussi d'encens : leur sacralité est ainsi consacrée. D'ailleurs, il aime à se promener « là où les rues mélancoliques et nauséabondes de la vieille ville européenne débouchaient dans les rues bruyantes et bondées du quartier indigène » (p. 170). On constatera que si Darley, le narrateur de Durrell, partage les goûts de Marco, il ne voit pas les choses du même œil (et ne les sent pas du même nez).

Lorsqu'en 1915, dans la revue *Lacerba*, Ungaretti évoque « Le paysage d'Alexandrie d'Égypte », il écrit : « L'eau versée se répand en titubant. / Elle s'enfouira à nouveau durant le voyage » (*VU*, p. 369). Le soleil, l'eau et le sable sont autant de garants du néant. Et l'insoutenable perception du vide devait fatalement amener l'écrivain à tenter de le combler. En l'absence d'indices tangibles du passé, il suppute l'existence de reliques subreptices. Forster estime que le mausolée d'Alexandre, dont Ptolémée – pour asseoir son pouvoir – avait en effet, et non sans difficultés, fait rapatrier la dépouille en Égypte, se trouve sous l'actuelle mosquée Nabi Daniel. Ungaretti, lui, se rallie à l'opinion des frères Jean et Henri Thuile, qu'il a connus vers 1905 : « Ils me parlaient d'un port, d'un port submergé, qui devait précéder l'époque ptolémaïque et qui prouvait qu'Alexandrie était déjà un port avant Alexandre, qu'avant Alexandre c'était une ville. On ne sait rien de tout cela. Ma ville se consume et s'anéantit de minute en minute. Comment pourrions-nous connaître ses origines s'il ne persiste rien de ce qui s'est passé un instant plus tôt ? On ne sait rien de tout cela ; il n'en reste pas d'autre signe que ce port conservé au fond de la mer, seul document qui nous ait jamais été transmis du passé d'Alexandrie » (*VU*, p. 519-520). Il y a une

Atlantide qui affleure sous le regard de chaque habitant, de chaque visiteur des lieux.

Et cette Atlantide a un habitant. Il s'agit de Cavafy, pour qui, dans *Gloires des Ptolémées*, Alexandrie est encore « la ville qui enseigne le monde, le sommet de toute l'Hellade, la cité la plus savante en tout art, en toute discipline du langage » (p. 101). Mais le Cavafy qui circule à son aise dans les arcanes du passé n'est pas dupe. Il est aussi un piéton d'Al-Iskandariya, un client assidu des cafés de quartier. c'est dans son présent, qu'il aime et ensemble hait, que Cavafy trouve l'inspiration, comme il le confie dans *Au même endroit* : « Ambiance de la maison, des cafés, du quartier que j'ai sous les yeux, et que je fréquente à longueur d'année, je t'ai créée de ma joie et de mes peines, grâce à tant d'incidents et de circonstances, et maintenant, tout entière, tu t'es pour moi chargée de sens » (p. 224). Cavafy est l'authentique trait d'union entre toutes les Alexandries. Il n'est donc pas surprenant qu'il apparaisse comme un modèle aux yeux d'Edwar al-Kharrat, le porte-parole de l'Alexandrie d'aujourd'hui : « La grande Alexandrie des temps anciens, pour citer Cavafy, ne pourra jamais, à mon avis, être reléguée dans le passé. Me voici, comme il disait, "moi l'Alexandrin qui parle d'un autre Alexandrin". Cette perpétuelle intemporalité, la présence constante d'une Alexandrie qui défie le temps, est un trait saillant des véritables écrits alexandrins[3]. » Il y a tout lieu de croire, dès lors, que l'écriture locale est distillée avec parcimonie : outre Cavafy, et peut-être Ungaretti, personne, alors, n'a su mettre en regard les différents visages que la ville a présentés au fil des âges.

Dans cet endroit en plein essor, qui, au dire de Marguerite Yourcenar, « n'a guère retenu de ses lointaines splendeurs qu'un nom et qu'un site » (p. 29), mais où l'antique, fût-ce sur un plan onirique, perce toujours en contrepoint, le temps est polyphonique. Souvent, on s'accorde à abandonner le jalon des siècles pour se livrer à l'observation du quotidien et de la dégradation qui s'opère d'une décennie à l'autre. En cela, on imite les Alexandrins. Toujours selon les mots de Marguerite Yourcenar, consacrés cette fois à Cavafy : « Il a aimé avec passion cette grande ville agitée et bruyante, riche et pauvre, trop occupée de

---

3. Edwar al-Kharrat, *My Alexandria. A Meeting Point of Cultures. Images of the City of Saffron in Literature*, texte inédit d'un cycle de conférences données en Italie en mars 1994 pour le compte de l'A.C.I., manuscrit dactylographié (transmis par l'auteur), p. 9.

ses affaires et de ses plaisirs pour songer à son passé volatilisé en poussière » (p. 29). Alexandrie est une métropole, où comme le relevait Ungaretti, le temps passe plus vite qu'ailleurs. Les véritables ruines antiques ont disparu pour laisser place à des édifices et à des quartiers qui se transforment à leur tour en vestiges au bout de quelques années à peine. Vers 1919 (moment du récit), le héros de Fausta Cialente « voyait partout les squelettes de nouvelles maisons en construction, laides, qui pointaient vers le ciel les poteaux effilés des échafaudages » (p. 172), mais le quartier de Cléopâtre est encore « au milieu des terrains vagues » et l'on y vit « comme au couvent » (p. 208). En 1936 (publication du roman), les nouvelles maisons sont déjà habitées, et l'on imagine que les terrains vagues reculent. Les choses vont si vite qu'en 1952, à l'occasion de la réédition de son livre, la romancière italienne ajoute un avertissement pour annoncer que le lac de Hadra, cité au détour d'une page, a été asséché et que bon nombre des plages ont été goudronnées.

Mais Fausta Cialente ne sera pas le seul témoin de l'état des lieux après la disparition de Cavafy, qui a emporté avec lui une première mouture de l'Alexandrie moderne. Le hasard ou la nécessité fait en sorte que la Seconde Guerre mondiale dépose sur les quais du port une théorie d'écrivains dont tous ne sont pas indignes de leurs illustres devanciers.

Il y a tout d'abord Gide, qui anticipe la catastrophe d'une saison. En mars 1939, il fait escale à Alexandrie après un voyage en Haute-Égypte. Il retrouve Allégret et Faure, le proviseur du lycée français, avec qui il déjeune au *Xénophon* et dîne chez Mégret. Entre un repas et l'autre, il admire Greta Garbo dans *Marie Walewska* et lit quelques pages. Le tout est agrémenté d'une brève excursion à Rosette.

Mais les temps cesseront bien vite d'être aux mondanités. En 1942, Rommel franchit la frontière entre la Libye et l'Egypte et sème la panique à Alexandrie, plus exposée que la capitale (le port et certains quartiers ont déjà subi des bombardements italiens). Un siècle et demi après la baie d'Aboukir, c'est El-Alamein, à cent kilomètres à l'ouest d'Alexandrie, qui sent passer le vent de la guerre. Et quel vent ! La superficie des cimetières anglais, allemand et italien sera hélas toujours plus étendue que n'importe quel projet de Bibliothèque. En 1942 toujours, Stratis Tsirkas, Grec du Caire mais Alexandrin d'adoption, abandonne ses réflexions sur Cavafy, qu'il a connu, pour veiller à la publication de la revue antifasciste *Ellin (Grec)*. Mais l'avancée allemande, autant que l'ambiguïté britannique, le décident à quitter provisoirement la ville pour Jérusalem. Il y retournera avant la fin du conflit – à temps, peut-être, pour croiser à son insu Edmond Jabès, déjà poète mais encore Italien, et Lawrence Durrell, qui après avoir occupé des fonctions de *British foreign press officer* au Caire de 1941 à 1944 est muté en qualité d'attaché de presse à Alexandrie, la même année.

En 1945, lorsque les convulsions mondiales s'apaisent, la vie culturelle connaît un net regain. Gide repasse à Alexandrie. Étiemble assure la publication de la correspondance entre Jabès et Max Jacob aux Éditions Valeurs. En 1948, à vingt-huit ans, Dennis Joseph Enright fait paraître aux Éditions du Scarabée *Season Ticket*, son premier recueil de poésie. On diffuse à nouveau des écrits dans la cité de Callimaque. Et des visiteurs de marque viennent enseigner dans son université. En 1947, Jean Grenier est nommé à Alexandrie avant de rejoindre l'université cairote d'Ein-Shams. Il aura eu le temps de se lier d'amitié avec Jabès. Il n'est toutefois pas certain qu'il ait fréquenté Enright, lecteur d'anglais de 1947 à 1950, et moins encore John Heath-Stubbs, qui occupe une chaire de littérature anglaise de 1955 à 1958.

Une deuxième vague d'écrivains investit donc une ville qui continue d'être cosmopolite. On notera simplement que les Italiens sont moins présents, et pour cause : Alexandrie, comme Tsirkas le rappelle dans *Cités à la dérive* (p. 630), possède de nouvelles places ouvertes par les torpilles du Duce et damées par le piétinement d'une foule toujours pragmatique. En quittant les lieux en 1947, Fausta Cialente laisse un vide. Ce ne sont pas encore les écrivains arabes qui le comblent. Ils se préparent, toutefois : en 1946, Edwar al-Kharrat passe sa licence en droit.

*

Alexandrie apparaît dans *L'Essaimage des abeilles* (1950) de Heath-Stubbs, *Une année académique* (1955) d'Enright et dans quelques courtes pages des *Carnets d'Égypte* de Gide. Mais tout cela est presque insignifiant en regard des deux monuments littéraires qui vont sceller le destin de la ville, à savoir le *Quatuor d'Alexandrie* de Durrell et *Cités à la dérive* de Tsirkas. Les deux œuvres ont au moins un couple de points communs. Si Durrell a toujours voulu que son *Quatuor* soit considéré dans son ensemble, il se compose en réalité de quatre volets distincts : *Justine, Balthazar, Mountolive* et *Clea. Cités à la dérive* constitue également un cycle, dont seule la dernière partie, *La Chauve-souris*, se déroule à Alexandrie (après que le protagoniste, Manos Simonidis, eut fait un crochet par Jérusalem et Le Caire). Par ailleurs, aussi bien Durrell que Tsirkas ont écrit bien après la période qu'ils décrivent. La tétralogie de Durrell relate des événements qui se situent entre les années qui précèdent la guerre et la guerre elle-même (dans *Clea*), mais elle a paru entre 1958 et 1960. Tsirkas, lui, a attendu son installation à Athènes pour assurer, en 1965, la publication intégrale de la trilogie, entamée en 1960. L'action de son roman s'échelonne entre la menace allemande de 1942 et la mutinerie des marins grecs d 'Alexandrie peu désireux, en 1944, de favoriser l'avènement à Athènes d'un régime fasciste soutenu par les Anglais. Tsirkas parle encore, mais plus succinctement, de sa ville d'adoption dans *Le Vert Paradis*, l'une des cinq nouvelles qui composent *L'Homme du Nil* (1973).

Le cosmopolitisme continue à fasciner les écrivains de passage. Ainsi Durrell pourvoit-il son roman de personnages aux origines les plus diverses. Il y a là des Français (Gaston Pombal), des Italiens (Clea Montis), des Britanniques (Darley, Mountolive, Pursewarden, Scobie), des Grecs orthodoxes (Melissa Artemis), et des Égyptiens juifs (Justine, Balthazar), coptes (Nessim, Leila et Narouz Hosnani) ou musulmans (Ahmed). Ces derniers n'ont toutefois pas voix au chapitre. Reclus dans les quartiers arabes, où ils constituent une « foule jacassante » aux « voix glapissantes » (*C*, p. 330), ils semblent vouloir organiser des fêtes religieuses pour se donner en spectacle à Darley. Et l'on sent chez eux les « odeurs familières des immondices et de la boue séchée, d'œillet et de jasmin, de sueur animale et de trèfle » (*C*, p. 378). Les coptes, quant à eux, font l'objet d'une analyse plus flatteuse mais un rien superficielle dans *Mountolive*. Al-Kharrat ne perdra pas l'occasion de s'en prendre à Durrell : « La vraie Alexandrie qu'avec une teinte de suprématie raciste il appelle "la ville arabe" est vue, dans le texte, comme une scène apparemment luxuriante, exotique et peu familière, irréelle et vaguement choquante[4]. » Mais Durrell aurait bien été le premier visiteur de

4. Edwar al-Kharrat, *ibid.*, p. 11.

passage à faire preuve d'ouverture d'esprit. Gide ne relevait-il pas une « foule d'Arabes en costume européen, mais coiffés à la ... tarbouchka (?), devant les cinémas » (p. 1076) ? Chez Tsirkas, le cadre est plus homogène dans la mesure où l'auteur, habitué à la pluridimensionnalité ethnique de l'endroit, évite de puiser à la source du folklore. En fait, pour Tsirkas, il n'y a que les Anglais qui détonnent – qu'il s'agisse des « culs-rouges » pris de mire par Noureddine Bomba, l'homme du Nil, en 1919, ou des agitateurs de 1921 et de 1944. Dans l'Alexandrie de Tsirkas, les communautés n'ont pas de limites étanches : on peut flotter au gré des préférences du moment. Il en va ainsi pour Nancy, la maîtresse anglaise de Simonidis : « Se sentait-elle Italienne ? Elle allait au Stella, autrefois la Stella d'Italia, dont les propriétaires avaient, par patriotisme, supprimé la moitié de l'enseigne après la bataille d'El-Alamein [...] Quand elle se sentait Française, elle allait à l'Union » (*CD*, p. 595). À en croire une vieille photo de la Corniche, elle aurait même pu descendre à l'Hôtel Normandie ! L'écrivain grec évite si bien les exclusions que sa perception des odeurs en devient uniformément agréable : « Le parfum d'Alexandrie – crabes, oursins, citron et bière fermentée – que je n'ai retrouvé nulle part au monde, me pénétrait » (*HN*, p. 23).

Devant les vestiges de la guerre, on s'abstient de chercher des ruines plus anciennes. Aux portes de la ville, comme le rapporte Durrell, le désert est jonché de « tanks pareils à des squelettes de dinosauriens, canons plantés dans le sable comme des meubles hors d'usage » (*C*, p. 303). Mais le tourbillon qui, en littérature, emporte les lieux vers un sempiternel déclin se poursuit. Durrell, dans un premier temps, effectue un parallèle entre l'*ille tempore* et l'*hic et nunc* d'Alexandrie : « Son centre spirituel était le site oublié de la Soma où le corps tourmenté du jeune soldat fut un jour placé dans sa divinité d'emprunt ; son assise temporelle étant le Club des Courtiers où, tels des Gnostiques, les courtiers en coton venaient boire leur café » (*J*, p. 63). Tsirkas complète en comparant l'instant d'avant (l'année 1892) et le moment actuel : « L'Alexandrie d'aujourd'hui peut être cinq fois plus grande, n'empêche qu'elle sent la province tandis qu'alors c'était une capitale, le Paris de l'Orient » (*CD*, p. 599).

Le *Quatuor*, et dans une moindre mesure *Cités à la dérive*, renouent donc sans coup férir avec les thématiques élaborées par les pionniers de la littérature néo-alexandrine. La continuité est du reste explicite chez Durrell puisque Darley, le narrateur, ne se réfère pas moins d'une vingtaine de fois (!) à Cavafy, « vieux poète grec », « vieux poète de la ville » ou encore « vieux barde ». Il consacrera même une conférence au « vieillard ». Mais la lourde insistance sur l'ancienneté, pour ne pas dire la vétusté, d'un homme qui pourtant n'était pas Mathusalem est également le signe d'une rupture : Durrell, comme Tsirkas, renouvellent au moins en partie la perception d'Alexandrie.

Chez Tsirkas, la ville, perdant toute connotation ptolémaïque, est insérée dans le contexte général de la Seconde Guerre mondiale. Comme Jérusalem et Le Caire à la même époque, elle est saisie dans sa dérive, en pleine anomie. Sur ce fond mouvant se multiplient les intrigues (anglaises) et de timides tentatives de résistance (grecques). On l'aura compris : plus qu'Alexandrie, c'est la condition humaine qui intéresse Tsirkas. Fin connaisseur de l'œuvre de Cavafy, l'écrivain gréco-égyptien n'omet cependant pas de signaler que la ville en guerre ne perd pas sa nature de « cité des égarements » (*CD*, p. 691), de « ville d'amour fameuse » où se côtoient « tant de Bérénices, tant de Cléopâtres » (*CD*, p. 645). Le bruit trop évident des bombes et des bottes est compensé par le sourd bruissement du mystère. Comme dit Simonidis : « Pour connaître une telle ville, il m'aurait fallu des mois entiers et de nombreux jours de liberté » (*CD*, p. 523). Ce sera Durrell, dont les héros sont plus enclins à flâner, qui explorera la face cachée d'Alexandrie. Mais ce qui chez Tsirkas est mesuré a tôt fait de s'enfler chez l'auteur du *Quatuor*. Et les lieux se muent en une « impossible cité d'amour et d'obscénité » (*D*, p. 320), « une Babylone de style Boulle (*B*, p. 189). La métamorphose est parachevée dans *Clea* : « Alexandrie, princesse et catin. Ville royale, *anus mundi*.... Elle ne changerait pas tant que les races continueraient à fermenter ici comme du moût dans une cuve ; tant que les rues et les places continueraient à dégorger la fermentation de toutes ces passions, ces rancunes, ces rages et ces calmes subits » (*C*, p. 98). Pour Durrell, le cosmopolitisme, synonyme de promiscuité, est fauteur de plaisirs morbides, d'énigmes de bas étage. Nous sommes à cent lieues des poésies érotiques de Cavafy. Il n'est plus question de profondeur de vue, de strates. Durrell reste en surface, et le fait volontairement. Son Alexandrie, femme plus que jamais, est à la fois sinueuse et stérile – comme Justine, qui en est l'hypostase : « Justine et sa ville se ressemblent en cela qu'elles ont toutes deux une forte saveur sans avoir aucun caractère réel » (*J*, p. 236). Et le roman auquel elle prête son nom est dédié à Eve. En l'absence d'une réalité bien établie, on ne se prive d'ailleurs pas d'inventer. Darley, d'emblée, donne dans la pétition de principe : « Je suis venu ici pour rebâtir pierre par pierre cette ville dans ma tête » (*J*, p. 18). Cela, au moins, a le mérite de désamorcer les critiques qui voient dans le *Quatuor* une « fable relevant de l'idiosyncratie personnelle[5] » de l'auteur.

Mais l'Alexandrie de Durrell n'est pas exclusivement une ville close comme certaines maisons. Elle est aussi « la capitale de la Mémoire » (*J*, p. 319 ; *C*, p. 11). Darley se propose d'ailleurs de faire « l'autopsie des décombres » (*C*, p. 84). On ne compte plus les vestiges de l'Histoire, mais les ruines du temps. Ainsi que le *quatuor*, Alexandrie est présentée comme un palimpseste que l'on gratte sans relâche et sous lequel apparaissent simultanément les divers plans du souvenir.

Avec Durrell, Alexandrie se hisse définitivement au rang de mythe littéraire – même si cette promotion est le fruit d'une mystification, plus que d'un travail de mythification. On pourrait se demander pourquoi *Cités à la dérive*, dont les qualités intrinsèques sont indéniablement supérieures à celles du *Quatuor*, a laissé une empreinte moins profonde. Vassilikos, l'auteur de *Z*, a répondu à la question : les romans anglais sont traduits bien avant les textes grecs – et cela a laissé une marge d'une dizaine d'années au *Quatuor*, dont le manuscrit est pourtant postérieur à celui de *Cités à la dérive*. En outre, Vassilikos se souvient qu'il assista à la première rencontre de Durrell et de Tsirkas au restaurant *Apotsos*, à Athènes, au début des années soixante : Tsirkas avait lu Durrell ; Durrell ne connaissait pas *Cités à la dérive*. C'est tout dire.

*

Avant même l'affirmation de Durrell et de Tsirkas, les données de la question alexandrine avaient changé. Après une série de tentatives infructueuses, l'Égypte, dans un dernier coup de boutoir, parvient à secouer le joug étranger et à établir son identité arabe. En 1937 déjà les privilèges des résidents étrangers avaient été largement abolis par le traité de Montreux. Mais le coup de grâce au cosmopolitisme sera porté par Gamal

5. Edwar al-Kharrat, *ibid.*, p. 10.

Nasser, qui, en 1956, nationalise le canal de Suez. Seul Heath-Stubbs reste encore. Après son départ, en 1958, il ne sera pas remplacé. Tsirkas lui-même finit par s'installer à Athènes, quatre ans plus tard.

Désertée par ses représentants, l'Alexandrie européenne s'en remet à la mémoire. Mais à mesure que les souvenirs pâlissent, la ville se fige dans des stéréotypes qui entérinent ce qui a été. Dans *Le Tarbouche* (1992) et *Le Sémaphore d'Alexandrie* (1994), Robert Solé, rédacteur en chef du *Monde* natif du Caire, retrace le destin de l'Égypte de 1860 jusqu'à 1964. Il n'ira pas outre, car ses héros auront tous préféré l'exil français, canadien ou libanais au séjour dans une Égypte qu'ils refusent de reconnaître. Dans ces deux romans, dont les personnages sont cairotes, Alexandrie constitue surtout la façade maritime de l'Égypte. On vient sur les plages de Stanley ou de Sidi Bishr pour se baigner. Mais là encore, l'arrivée au pouvoir de Nasser provoque une interruption : « On fuyait les plages surpeuplées. Il n'était plus question d'aller à Alexandrie en été [...] Le calme, il fallait le chercher beaucoup plus loin » (*T*, p. 403). La ville est désormais égyptienne, et il n'est plus question de dire, en montant dans le train pour Le Caire : « Je vais en Égypte » (*SA*, p. 177). Certains, comme Leslie Croxford, Anglais d'Alexandrie, semblent avoir complètement oublié qu'il n'est pas que l'optique du colonisateur. Dans *La Folie de Salomon* (1974), dont l'action est située au siècle dernier, il analyse les événements de 1882 comme la répression d'une émeute. Il est sans doute le seul – au milieu des années soixante-dix – à soutenir ce point de vue obsolète. On notera au passage que si l'Alexandrie du XIXe siècle n'a guère retenu l'attention des écrivains jusqu'ici, elle commence à le faire. C'est bien le signe que la fictionalisation de la ville est en cours. L'on élude volontiers le présent, mais on ne se dessaisirait pas des thèmes développés naguère. L'effacement de l'Histoire, à nouveau, éveille la curiosité. Dans *Bar des flots noirs* (1987), Olivier Rolin lance son héros diplomate et quelques excentriques amis à la découverte du tombeau d'Alexandre dans une vieille masure près de l'embouchure du canal Mahmoudiya. Et de commenter : « À Alexandrie, ville où comme on sait ne subsiste à peu près aucune ruine, où le passé a été littéralement digéré par les alluvions, chacun se forme son idée, absolument arbitraire, il va sans dire, mais toujours soutenue d'argumentations péremptoires, sur la localisation de la Bibliothèque, du Musée, du Sérapion, etc. (p. 154-155) ».

Le tombeau d'Alexandre fait également l'objet d'une quête dans *Alexandrie encore et toujours* de Chahine. Localisé à mi-chemin entre la colonne de Pompée et l'ancien Phare, sous l'actuelle pâtisserie Athineos, il sera même entrevu par Yehia Eskandari avant d'être accidentellement détruit par une tarière sortie tout droit d'un cauchemar. Sur un plan onirique, Yeha associe les composantes grecques et arabes de la ville en prêtant à Alexandre les traits d'Amr. Le syncrétisme culturel est du reste une dominante de la littérature arabo-alexandrine qui, après l'indépendance, a enfin trouvé la force de se frayer un chemin. Ainsi Mohammed Hafez Ragab peuple-t-il parfois ses récits de protagonistes grecs. Outre le cinéaste Chahine et Ragab, on relèvera encore, comme le fait al-Kharat, 'Awad abdel 'Aal, Mohammed al-Sawi ou Ibrahim Abdel Meguid, qui ont su se dégager de l'emprise du réalisme social pour proposer une vision d'Alexandrie partagée entre le fantastique et la satire. Mais le plus important d'entre eux est sans conteste le copte al-Kharrat, qui est aujourd'hui traduit en cinq langues – ce qui, derrière Mahfouz, le place au pinacle de la littérature égyptienne. Comme Ben Jelloun à Tanger, al-Kharrat est le chantre de la ville actuelle. Il ne manque pas une occasion de rappeler la réalité de l'Alexandrie arabe, son dynamisme et sa continuité avec un passé qui n'est pas forcément celui de Durrell (qu'il aime à fustiger, comme nous l'avons vu). Le lieu d'al-Kharrat n'est pas un lieu commun : « Mon Alexandrie est animée par des pulsations à la fois constantes, successives et alternatives ; elle est une suite de réflexions et de sentiments en perpétuel mouvement. Mon Alexandrie est une réalité essentielle ou les multiples épiphanies d'une réalité qui est infiniment et incessamment remise en question[6]. » Par le truchement de Mikhael Qaldas, le héros de *La Ville de safran* (1986) et des *Filles d'Alexandrie* (1990), al-Kharrat explore l'Alexandrie de sa jeunesse et revisite les fondements du mythe alexandrin. Pour Mikhael, « les différences entre les gens faisaient partie du cours naturel des choses » (*VS*, 153). Le cosmopolitisme n'est plus folklore. Et la ville n'est plus divisée entre Européens dont on parle et Non-Européens qu'on ignore. Alors que dans les romans cités plus haut, Alexandrie équivaut à la mémoire de ce

6. Edwar al-Kharrat, *ibid.*, p. 31.

qu'elle fut, chez al-Kharrat elle est le souvenir de ce que lui-même fut. L'endroit est imprégné d'une saveur proustienne qui régénère le mythe. Mais elle est aussi ancrée dans l'Histoire, et notamment dans la Seconde Guerre mondiale et les soubresauts libérateurs de la fin des années quarante. Pour la première fois depuis des lustres, l'endroit sent bon : « Le parfum pénétrant du jasmin et l'odeur de la terre humide se répandaient en moi » (*CS*, 20). Avec al-Kharrat, la ville et son mythe gagnent en sérénité.

À la veille de l'an 2000, Alexandrie a peut-être enfin réussi à dégager les contours d'une identité stable. Elle est parvenue à intégrer à son plus que parfait passé grec et au passé composé des communautés, un présent arabe qui renoue avec un pan d'histoire que l'on a trop longtemps passé sous silence – au risque de provoquer d'inutiles tensions. Et tout au long, la littérature a accompagné la ville dans son travail de sédimentation. Il est peu d'endroits dont les virtualités enfouies ont aussi systématiquement été mises au jour par des écrivains venus de tous les horizons. Par un juste retour des choses, le papyrus, auquel la ville est tant redevable, retrouve donc la place qu'il a perdu jadis. Il fallait à nouveau lui rendre hommage. C'est aujourd'hui chose faite. Voulue par le Gouvernement égyptien et l'université d'Alexandrie, eux-mêmes soutenus par l'UNESCO, une nouvelle bibliothèque – essentiellement consacrée à la littérature de la Méditerranée orientale – verra le jour sous peu. C'est d'ailleurs François Mitterrand qui a officialisé le projet en février 1990, dans un discours à Assouan. Et comme Alexandrie semble ne devoir jamais cesser de convier à l'écriture, Naguib Mahfouz a projeté de consacrer un roman au dernier avatar de la Bibliothèque ptolémaïque. Espérons que la sauvage agression dont il a été victime en octobre 1994 ne le détournera pas de son projet. Il ne faudrait pas que la bibliothèque devienne le symbole vide d'une impossible réconciliation par le livre.

Bertrand WESTPHAL.

Bibliographie

Constantin Cavafy, *Poèmes*, Paris, Gallimard, 1978, (1958), coll. « Poésie », 273 p.

Fausta Cialente, *Cortile a Cleopatra*, Milan, A. Mondadori, 1973 (1936), 256 p.

Lawrence Durrell, *Justine, (J)*, Paris, Le livre de Poche, 1986 (1959), 432 p.

Lawrence Durrell, *Balthazar, (B)*, Paris, Le livre de Poche, 1991 (1959), 437 p.

Lawrence Durrell, *Mountolive, (M)*, Paris, Le livre de Poche, 1992 (1959), 512 p.

Lawrence Durrell, *Clea, (C)*, Paris, Le livre de Poche, 1992 (1960), 447 p.

André Gide, *Carnets d'Égypte*, in *Journal 1939-1949*, Paris, Gallimard, 1984 (1954), coll. « Bibliothèque de la Pléiade », p. 1047-1077.

Edwar al-Kharat, *City of Saffron, (CS)*, Londres, Quartet Books, 1989, 174 p.

Edwar al-Kharat, *Girls of Alexandria, (GA)*, Londres, Quartet Books, 1993, 177 p.

Olivier Rolin, *Bar des Flots noirs*, Paris, Éd. du Seuil, 1988 (1987), coll. « Points », 219 p.

Robert Solé, *Le Tarbouche (T)*, Paris, Éd. du Seuil, 1993 (1992), coll. « Points », 413 p.

Robert Solé, *Le Sémaphore d'Alexandrie (SA)*, Paris, Éd. du Seuil, 1994, 348 p.

Stratis Tsirkas, *Cités à la dérive (CD)*, Paris, Éd. du Seuil, 1982 (1971), coll. « Points », 861 p.

Stratis Tsirkas, *L'Homme du Nil (HN)*, Paris, Éd. du Seuil, 1983 (1973), coll. « Points », 213 p.

Giuseppe Ungaretti, *Vita d'un uomo. Tutte le poesie (VU)*, Milan, A. Mondadori, 1970.

Giuseppe Ungaretti, *Vie d'un homme (VH)*, Paris, Éd. de Minuit-Gallimard, 1981 (1973), coll. « Poésie », 344 p.

LE PASSÉ INTACT

Johannes Moy
Le Bilboquet
Avant-propos de Peter Handke
Traduit de l'allemand
par Pierre Deshusses

Paris, Éditions Rivages,
1995, 176 p.

En 1940 paraissait en Autriche *Das Kugelspiel*, recueil de nouvelles d'un jeune auteur inconnu Johannes Moy. Le succès du livre fut immédiat. Le public attendit la suite : d'autres nouvelles, un roman... Il n'y eut rien. *Das Kugelspiel, Le Bilboquet*, qui vient d'être traduit et publié en français, demeure la seule œuvre de fiction de Johannes Moy, aristocrate autrichien, né d'une mère anglo-polonaise, et d'un père allemand, et dont l'enfance, cosmopolite, appartenant à l'espace et aux mœurs de l'empire austro-hongrois, s'est déroulée entre plusieurs capitales (Vienne, Paris, Saint-Pétersbourg, où son père était ambassadeur du royaume de Bavière à la cour des tsars).

« Après la guerre, écrit Peter Handke dans sa préface, occupé par les exigences et l'ampleur d'un travail quotidien, il n'a plus rédigé que des traités sur l'histoire et l'histoire de l'art. À quatre-vingt-cinq ans, jetant un regard sur ce qu'il avait écrit à trente ou quarante ans, il dit : “En fait, j'étais fait pour l'écriture.” À la question de savoir si cela lui fait de la peine de ne pas avoir continué à écrire, il donne cette réponse tranquille : “Oui, cela me fait de la peine.” » Et lorsque, à l'occasion d'une interview pour *Le Monde*, Johannes Moy, maintenant âgé de quatre-vingt-treize ans, est de nouveau interrogé sur cette rencontre sans lendemain avec l'écriture, ses réponses semblent encore plus distantes, plus détachées, plus étrangères à ce qui l'amena, il y a si longtemps, à narrer dans une langue, qui elle-même semble très ancienne, de courts récits, élégants, douloureux, bizarres ; ils ont en commun de s'inscrire dans la mémoire du lecteur avec une extraordinaire netteté. Peut-être parce que leur propos initial est de sauver de l'oubli un monde en voie d'extinction.

« Ses nouvelles, note Marion Van Renterghem, il les a écrites sur un coup de tête. C'est le seul souvenir qui lui reste : il s'était isolé une année à la campagne, dans une auberge bavaroise, pour terminer ces histoires – elles sont presque toutes vraies, précise-t-il sans plus de détails » (*Le Monde*, 17/2/1995). Si elles sont tirées de faits divers, d'anecdotes ou de récits véridiques, elles n'ont pas la contingence ni le disparate des histoires rassemblées par hasard. Elles s'imposent au contraire par une rigueur presque monomaniaque dans la répétition de thèmes liés à la fin, à la mort, à l'irréversible, et par un art très subtil de leur mise en scène. Ce volume ne cesse de dire presque en chacune des nouvelles qui le constituent la césure de l'irrémédiable, son intervention toujours cruelle, fatale. Qu'elle prenne la forme d'une simple phrase : dans *Mille ans sont comme un seul jour* la désinvolture avec laquelle des touristes en visite dans les ruines au pied de l'Etna détruisent la croyance de leur jeune guide, désireux de voyager en France pour voir des duels, rencontrer les paladins et les écuyers de Charlemagne : « Lorsque mon ami lui dit que les chevaliers dont il parlait étaient morts depuis mille ans et qu'il n'y en avait plus aujourd'hui, il ne voulut pas nous croire. Il fallut le lui répéter avec d'autres mots. Il fit alors un signe de tête et cessa de parler[1] ». L'irrémédiable peut aussi agir à travers un geste qui se veut innocent et même bienfaisant (dans *Le Cœur* le geste de l'homme qui, ayant trouvé dans un chemin de montagne un boîtier en forme de cœur, pense qu'il est de son devoir de le renvoyer au nom et à l'adresse qu'il contient ; ce par quoi il révèle à un mari l'infidélité de son épouse, et cause le malheur de cette dernière), ou à travers la forme, plus manifeste, d'un accident tragique : récits d'avalanches emportant des enfants. La première, mortelle, tue un petit garçon d'une grâce exceptionnelle, dont la silhouette et les gestes sont d'une fascinante singularité. Ceux-ci, écrit Johannes Moy « avaient une sorte d'unité, quelque chose d'imprévisible, pareil à du vif-argent, exactement comme ce que j'avais observé chez les oiseaux dont les membres sont encore remplis de ce flux vital jamais en repos et qui, chez nous, ne se manifeste plus que dans les idées[2] ». Le jeune Martin habite tout au fond d'une vallée, et

1. Johannes Moy, *Le Bilboquet*, Paris, Éditions Rivages, 1995, p. 69-70.
2. *Ibid.*, p. 31.

pour lui le long chemin vers l'école et le retour du village représentent des événements fabuleux, sont la source d'un inépuisable questionnement...

Tandis que l'autre avalanche, non mortelle celle-ci, trouble sa victime du tourment d'un impossible souvenir : « Michael raconta qu'au moment de l'avalanche, il se trouvait juste entre les deux maisons [...] Ensuite il avait crié au secours et commencé un Notre Père. Aux premiers mots, il avait été emporté et englouti sous la neige. Il avait mis ses mains devant son visage et continué à prier. Après le second Notre Père, il avait ouvert les yeux, étonné de voir tant de lumières et tant de monde. Lorsque sa mère lui dit : "Mais, mon garçon, ça a duré sept heures ! Où étais-tu ?" il se contenta de secouer la tête d'un air songeur[3].»

Avalanches, noyades... : celle dont périt Nikola, rescapé de la Révolution russe. Un garçonnet méfiant et taciturne, ne posant jamais de questions, incapable de dire ses émotions et qui, horriblement, déploie et découvre son envie de vivre dans ses violents efforts pour ne pas se noyer, dans un tourbillon de panique et quelques minutes d'espoir aussi vain qu'absolu.

Cependant ce qui n'aura plus jamais lieu advient dans la vision rétrospective d'un regard tourné vers le passé, dans une temporalité *a priori* exténuée, dans un monde rigide et fixe par rapport auquel toute modification est synonyme de perte : « [...] nous ne connaissions pas les combats, seulement le souci de garder quelque chose : le reste du patrimoine hérité que chaque nouvelle tempête économique menaçait de réduire, et cette terre reçue en héritage qui perdait chaque année un peu de sa beauté, avec cette vieille demeure aménagée de façon insouciante et dispendieuse et qui obligeait ses occupants à accepter un cadre de vie bien trop grand... Pour la première fois je me rendais clairement compte de toute la trame de notre existence orientée vers le passé[4]. »

Johannes Moy, en effet, retrace des trames ou des fragments d'existences tournées vers le passé ; mais qui à un certain moment sont traversées par la chance d'un désir ou d'une force susceptible d'avenir. Le plus souvent cette chance, ou cette faille par où peut surgir l'inconnu, a le visage d'un enfant. C'est donc sur lui qu'avec un acharnement cruel va s'acharner le Sort,

---

3. *Ibid.*, p. 42.
4. *Ibid.*, p. 103.

comme pour confirmer la justesse du pressentiment originel que développent les récits du *Bilboquet*.

Le moment inouï, *die unerhörte Begebenheit*, par quoi se définit selon Goethe l'art de la nouvelle, est ici celui d'un redoublement mortel, « l'accident » ne venant que renforcer le décret de non-vie qui pèse sur l'univers de Johannes Moy. Il n'introduit pas un renversement de perspective, mais scelle l'impossibilité de tout renversement, et prête soudain un relief passionnant et presque hallucinatoire à cet immobilisme définitif. Si Johannes Moy n'a pas poursuivi son œuvre romanesque, on peut dire cependant qu'il fut fidèle à la vision directrice de son premier et seul livre. Historien d'art, il s'est voué entièrement au passé. Et l'austère château néogothique où il demeure, non loin de Salzbourg, ne cesse de lui raconter ce passé :

« C'est un bonheur, pour un historien, de vivre ici, déclare-t-il dans l'article du *Monde* précité. Les fondations sont du Moyen Âge, elles furent arrangées en style néogothique en 1830 par le comte d'Arco. Le dernier roi de Bavière a abdiqué dans cette pièce. L'histoire est partout. Tout est absolument intact. » Par orgueil de caste, sensibilité personnelle, qualité de style, attachement à l'enfance et penchant à l'érudition, s'efforcer de garder intact le passé fut, semble-t-il, la double vocation d'écriture et de vie de Johannes Moy.

Chantal THOMAS.

HEINRICH HEINE OU LA « DÉCHIRURE DU MONDE »

Heinrich Heine De la France Texte ét. et prés. par G. Höhn et B. Morawe	Paris, Gallimard, coll. « Tel » 1944, 414 p.
Gerhard Höhn Heinrich Heine, un intellectuel moderne	Paris, PUF 1994, 190 p.

Il est des poètes auxquels il faut laisser le temps d'estropier la grâce qui leur a été accordée : ils savent qu'en malmenant leurs dons, en s'appliquant à déchoir là où leur virtuosité, alliée à une malice sentimentale, favorisait le triomphe d'un joli talent, ils échangeront le paradis d'un poète de salon contre l'enfer d'un martyr. Le Ciel peut attendre, quand il s'agit de gagner les faveurs de la postérité. Le mirliflore se mue en flagellant. C'est dans cette posture qu'il veut hanter les générations futures. Il sera non seulement un viatique, mais aussi une énigme. Non seulement un modèle, mais aussi un frère. Non seulement un auteur classique, mais aussi un compagnon de subversion. Heinrich Heine est l'exemple le plus frappant du poète *bifrons* qui sort d'un salon pour entrer dans un martyrologe, et qui commence par faire le « maquereau de la muse[1] » pour ravir les beaux esprits de la bourgeoisie, avant de devenir l'ange tutélaire

---

1. Arno Schmidt, *Miroirs noirs*, C. Bourgois Éditeur.

de quelques suicidés du vingtième siècle : Klaus Mann, Marina Tsvetaeva, Yasunari Kawabata.

Entre les deux visages de Heine, il faut choisir, comme on choisit un miroir qui saurait révéler l'aptitude de chacun à visiter son propre enfer. Il faut choisir entre l'écrivain à succès du *Livre des Chants*, et le grabataire, frappé de sclérose, agonisant pendant huit ans sur son « matelas-tombeau », où il pouvait s'adonner à sa « jubilation souffrante », définie comme l'essence même de la poésie moderne. Il faut choisir entre le jeune « naufragé » qui, face à la mer nocturne, interroge les flots sur le sens de la vie, il faut choisir entre ce poète plein de raffinement et le paria du *Romancero*, qui lègue au monde ses « coliques », ses « ennuis de vessie », ses « perfides hémorroïdes à la prussienne ».

Cette contradiction s'enrichit d'une dimension supplémentaire et méconnue, celle d'un Heine prosateur, à qui l'on doit ce chef-d'œuvre de réflexion et de raillerie, *De la France*, où apparaît l'héritier des Lumières, le médiateur entre les cultures allemande et française. C'est dans ce but de conciliation, afin d'accomplir son œuvre de passeur, que Heine choisit, dans sa vie, la stratégie de la rupture. Il rompit avec sa famille, avec sa position de jeune poète déjà comblé. La rupture définitive, celle qui acheva de gauchir le destin annoncé d'un poète serviteur d'un lyrisme sentimental et abstrait, fut le départ, en 1831, à trente-trois ans, pour Paris, où Heine demeura jusqu'à sa mort, en 1856, quelques années après la parution de *Romancero*.

La vie de Heine fut marquée par deux événements dont il avait lui-même souligné le caractère symbolique. Dans ses *Mémoires*, Heine rappelle un épisode de son adolescence : il tomba amoureux de la fille d'un bourreau, précisément parce que la superstition et les préjugés recommandaient d'éviter ces intouchables. Heine poursuivit la jeune fille – décrite comme une créature chez qui la sauvagerie et la crânerie le disputaient à beaucoup d'opiniâtreté et de fougue –, jusqu'à ce qu'elle lui concédât un baiser : « Je ne l'embrassai pas uniquement par tendresse, mais encore par insultant mépris pour la vieille société et pour tout l'obscurantisme de ses préjugés. À cette minute jaillirent en moi les premières flammes des deux passions auxquelles resta vouée mon existence ultérieure : l'amour des jolies femmes, et l'amour de la Révolution française. » Quelque trente ans plus tard, alors que la Révolution de 1848 venait d'échouer, Heine, victime des premiers symptômes de sa paralysie, s'écroula au Louvre devant une femme, et l'ironie voulut que ce fût une femme incapable de le relever : la Vénus de Milo. C'est ainsi que s'éteignirent les deux passions attisées par la fille du bourreau, et que commença l'agonie de Heine.

« Toute destinée, pour longue et compliquée qu'elle soit, comprend en réalité un seul moment, celui où l'homme sait à jamais qui il est. » Cette méditation de Borges, par ailleurs grand admirateur de Heine, pourrait servir de fil conducteur à une lecture du brillant essai que Gerhard Höhn consacre à l'écrivain allemand. Ce moment dans la vie du poète, c'est sa rupture avec l'Allemagne et son exil à Paris, le moment où il laissa derrière lui une popularité bruyante, pour arriver dans un pays qui ne connaissait pas encore son nom et qui, s'accommandant mal des consonances étrangères, se préparait à l'appeler Monsieur Enrienne ou même Monsieur Un Rien. C'est surtout le moment où Heine se révéla à lui-même tel qu'il était : un être double, à la fois juif et allemand, allemand et français, patriote et germanophobe. En franchissant la porte Saint-Denis pour entrer dans Paris, Heine savait désormais qu'il était, comme l'écrit Gerhard Höhn, une conscience déchirée, qui avait intériorisé la « grande déchirure du monde ».

Lettres rhénanes sur l'état de l'Hexagone sous la monarchie de Juillet, *De la France* est, selon l'expression de Gerhard Höhn, l'œuvre d'un historien de la désillusion. Le poète, qui fait « commerce de contrebande de la liberté », rêvait d'offrir le spectacle d'une France fraternelle, éprise de justice et d'equite, aux clercs allemands, ces « salariés serviles de l'aristocratie », ces « laquais littéraires » coupables d'avoir succombé à la « triade funeste » de la teutomanie : nationalisme, antisémitisme et « mesquinerie raciale ». Mais si Paris, à en croire Madame de Staël, est le seul endroit au monde où l'on peut se passer de bonheur, Heine découvre que c'est aussi la ville où l'on peut le moins se passer de faux semblants. Paris ne saurait jamais être une « caserne de vertu républicaine » ; la « sublime et détestable cuisine de l'égalité » n'y est goûtée que modérément. Pendant qu'on replace les pavés de la révolution de juillet, Louis-Philippe, le roi-citoyen, se promène dans les rues de Paris avec son chapeau rond et son parapluie. Il serre la main aux épiciers et, pour cet usage, il porte un gant sale que, sitôt rentré, il remplace par un gant propre, avant de recevoir les banquiers et les gentilshommes. La révolution a accouché du système du « juste-milieu », inventé par un brave père de famille, qui cache sous son chapeau rond la couronne antique et dans son parapluie le sceptre absolu.

Heine disait que son crime n'était pas la pensée, mais la manière d'écrire, le style. *De la France* se présente comme une série de reportages sur la vie politique et culturelle française. Mais ce que nous offre Heine, c'est une succession de tableaux de la France vue par un extraordinaire peintre de la vie moderne. Qu'il visite les appartements des Tuileries hantés par saint Denis, le patron tutélaire des rois de France, qu'il baguenaude dans les rues de Paris, où l'on chante la gloire de Napoléon et de La Fayette (mais « Napoléon mort est encore plus aimé que La Fayette vivant », qui n'est plus que l'idole des braves gens bien solvables), qu'il évoque la Morgue ou l'Opéra, les musées ou les bals publics, la Bourse ou l'émeute des chiffonniers, le Salon de 1831 ou les victimes de l'épidémie de choléra, mortes en plein carnaval et enterrées dans leur habit bariolé, Heine, mieux qu'aucun observateur de souche, réussit à nous faire croire à la véracité du vieux proverbe : « Quand le bon Dieu s'ennuie dans le Ciel, il ouvre la fenêtre et regarde les boulevards de Paris. »

Déclaration d'amour et de désillusion, *De la France* est aussi le constat d'une rupture. Dans l'exil, Heine se reconnut comme un être double, trouble, un homme déchiré dans un monde déchiré, un juif apatride que sa francophilie avait banni de l'Allemagne, enfin un intellectuel pourfendeur du pouvoir et dépositaire de la parole des victimes (« Les salons mentent. Les tombeaux disent vrai. ») Le poète populaire du *Livre des Chants* s'était, pour reprendre le mot de Gerhard Höhn, transformé en une « figure pathétique de l'engagement ». Mais la connaissance des gouffres demandait à être approfondie et à l'ère de la déchirure devait succéder le temps de la souffrance et de la solitude, qui s'annonça, en 1848, au dehors par la révolution, au dedans par la maladie, et qui donna naissance au Heine de la dernière période, le martyr de *Romancero.* L'agonie du poète coïncidait avec la faillite des utopies : « Dans la mesure même où la Révolution régresse, ma maladie progresse de très sérieuse manière », écrivait celui qui désormais se comparait à Lazare et prenait les accents de Jérémie pour prophétiser l'éternel retour du Mal dans un monde gouverné par la Déraison et la Folie et, dans le meilleur des cas, par un « gamin-qui-rit », par le « Dieu-hasard ».

Romancero est le livre du martyre et de l'exil, écrit par un reclus qui avait rompu avec sa patrie et n'avait conclu qu'une paix provisoire avec le pays d'adoption. En 1933, nombreux étaient les évadés d'Allemagne qui emportèrent le recueil dans leur fuite. À Paris, non loin du cimetière Montmartre où reposait Heine, Marion, la « pucelle antifasciste » du *Volcan*[2], récita devant un cercle de réfugiés ce poème de Heine, le paria tutélaire des exilés, l'ange de l'émigration qu'invoquait Klaus Mann :

Exclue du monde des humains
Tous t'ont oubliée
Fleur maudite
Car nul ne doit songer à toi !

Cœur, mon cœur, tu déverses
Des flots de plaintes amères
Mais nul ne parle de toi
Car nul ne doit songer à toi !

Nul ne doit songer à toi
Ni le chanteur, ni le poète
Pauvre chien dans ta tombe obscure
Tu pourris, objet de la malédiction !

Même le jour de sa résurrection
Lorsque, réveillées par les fanfares,
Les trompettes, s'avancent, tremblantes,
Vers le Jugement Dernier, les macabres cohortes

Et que, là-bas, l'ange lira
Devant les célestes instances,
Les noms de tous les accusés,
Nul ne devra songer à toi.

Linda LE.

2. Klaus Mann, *Le Volcan*, Éd. Orban.

NOTES

Le Survivant

MICHEL SURYA *Défiguration*	Paris, Éditions *Fourbis* 1995, 131 p.

Le livre de Michel Surya : *Bataille, la mort à l'œuvre*[1] est un classique moderne. Cet essai biographico-critique, par son écriture dionysiaque et funèbre, au plus près de la philosophie, ou plutôt de la pensée, est l'œuvre d'un « penseur privé », dans la profondeur d'une métaphysique de l'amour et de la mort. Les chapitres comme : *Au commencement était la mort, L'école du corps, Le philosophe et le débauché, L'Œil à l'œuvre, L'Histoire et ses fins, La sainte de l'abîme, Corrida fleurie, Sociologie sacrée, Nobodaddy, Mourir de rire et rire de mourir...* pour n'en citer que quelques-uns, préfigurent, sur le mode discursif, ce que rejoue d'une tout autre manière *Défiguration.* Ils parachèvent et renouvellent la vision que nous pouvions avoir de l'auteur *bicéphale* de *L'Expérience intérieure* et de l'*Histoire de l'œil.*

Ces chapitres, comme « d'un désastre obscur, chus », sont les précurseurs lumineux de deux petits livres de fiction : *Exit*[2] et *Les Noyés*[3]. Ces livres « écrits avec du sang » sont appelés à créer lentement le public qui saura s'ouvrir à leur étrangeté : livres-comètes.

Aujourd'hui, Michel Surya, qui ne faisait qu'effleurer le romanesque, tend avec *Défiguration*[4] vers plus de narrativité et, au moins en apparence, vers moins d'abstraction. Ce dernier récit, qui n'est certes pas une fiction anecdotique ou littéraire met « la mort à l'œuvre », inexorablement ; concrètement. Il ne s'agit pas, certes, d'une fiction linéaire ou néo-classique, pourtant c'est bien une histoire, un conte de terreur qu'on

---

1. Éditions Séguier, 1987, 559 pages – seconde édition revue et augmentée, Gallimard, Paris, 1992, 720 pages.

2. Éditions Séguier, Paris, 1988, *préface de Bernard Noël.* De cette préface, qu'on voudrait citer tout entière, retenir seulement le final, dans la mesure où il annonce ce qu'énonce *Défiguration* : « Quel étonnement de se retrouver simple lecteur quand on vient de vivre le plus étrange des sacrifices : l'immolation de soi sur l'autre et l'apparition du tu au milieu du je ».
« Reste le silence qu'on apprend à faire sur ce qu'il ne convient pas qu'on dise. *Exit* réchappe de ce silence (mais lui obéit aussi) » (*Post face* de Michel Surya).

3. Éditions Séguier, Paris, 1990.

4. Michel Surya, *Défiguration*, Éditions Fourbis, Paris, 1995.

nous y raconte. Une histoire constamment hachurée et pulvérisée dans un violent télescopage avec l'Histoire.

Un vieil homme énigmatique, douloureux et « lazaréen », un écrivain peut-être, un sage, un philosophe sans amphithéâtre (tenant de Max Brod, de Blanchot, voire d'Antelme, même de Cioran...) reçoit dans sa retraite forestière la visite d'un jeune homme. Le « pathos de la distance », jamais ne s'abolit : plus nécessaire que dans l'ordinaire des livres. Le vieil homme n'est pas un père et le jeune homme ne saurait être un disciple : la distance comme l'amitié elle-même, et la différence des expériences vécues, barrent la communauté, presque la communication. Peu à peu, les thèmes croisés de l'écriture, de la mémoire, de la douleur et de l'oubli envahissent le livre, en même temps que l'amitié, et l'impossible de l'amitié comme rencontre, dans l'absence totale de toute *interlocution.*

Puis viennent, et comment s'en étonner, des pages ultimes qui sont, du fait de leur éclat neutre et de leur brutalité feutrée, parmi les plus belles consacrées à l'Holocauste – (sujet périlleux entre tous, comme le montrent les approximations tragiques d'un Primo Levi et les exagérations d'un « survivant » comme le peintre Music).

> Se souvenir est impossible. N'atteint pas le pire. Trahit. Mieux vaudrait l'oubli. Un complet oubli. Mais oublier aussi est impossible. On n'oublie pas plus qu'on ne se souvient.

Le mot *Holocauste* comme le mot *Shoah* sont les vocables les plus difficiles de notre siècle, perpétuellement menacés tant par leur divulgation que par leur non-divulgation, surtout depuis l'organisation et l'extension d'une systématicité industrielle et peu ou prou planétaire de l'extermination. Ce sont aussi des mots que le bavardage médiatique ne cesse d'enfouir, de découvrir et d'enfouir de nouveau. Mais, lorsque les mots gardent leur force, par exemple sur les stèles de Sobibor ou, plus encore, à Jérusalem au mémorial de *Yod Vashem* qu'entourent et protègent ces caroubiers dont chacun représente un « juste parmi les nations », ces mots sont présents là, et l'on se prend à croire, ne serait-ce qu'un instant, qu'ils sont là, avec toute *l'espèce humaine*, grandeur et misère – comme au balcon d'une forêt terrifiante et magique autour du vide de l'absurde et de la mort.

Le héros de Surya, Édouard Adler, qui n'est pas un héros, évoque l'un de ces caroubiers, et les *justes* cadavres qu'ils symbolisent. On pense aussi (mais aucun personnage de fiction n'est univoque), à un Robert Antelme qui se serait refusé à toute narration figurale : un *défiguré*, un paralysé du discours.

> Qu'enfin, il n'y ait rien ni ne reste rien [...] Qu'on abandonne à la mort, l'oubli que le souvenir a été impuissant à empêcher. Que la mort achève l'oubli que même le souvenir a commencé.

C'est alors, et alors seulement, que le survivant envisagé (dévisagé, défiguré), peut être l'objet d'une mort que l'on aime et « *d'un amour qui ne l'en sépare pas* ».

D'où le dernier mot, (qui était déjà l'épigraphe), de Kafka ; « Celui qui, vivant, ne vient pas à bout de la vie [...] n'est-il pas mort de son vivant, n'est-il pas l'authentique survivant ? »

Édouard Adler, souvent réduit à ses initiales E.A., qui est le tout dernier mot, la dernière image, l'ultime solitude : « Peut-être n'y a-t-il pas de représentation moins digne que celle de cet homme abandonnant son grand corps maigre à la nuit, assis comme un enfant dans la neige, pour être enfin le même que tout ce qu'il a vécu (que tout ce à quoi il a survécu). »

Surya ou l'indignité de la représentation : un sismographe de l'horreur qui coupe les paupières, la langue et le regard-même. « Ce n'est pas qu'aveugle que j'ai compris. Aveugle, l'anonymat me fut rendu en même temps que me fut rendue la défiguration. » La défiguration, figure de l'éphémère survie des *survivants* que nous sommes aussi.

Jean-Noël VUARNET.

Directeur de la Publication : Jean PIEL

IMPRIMERIE DE L'OUEST – *Le Gérant* : Jérôme LINDON

N° d'enregistrement de la Commission paritaire : 63 028

Dépôt légal : 4e trimestre 1995 N° d'éditeur : 3015